Eher in Rente

Andreas Koehler

Haufe

Inhalt

Vorwort

„Eher in Rente" - Klingt das nicht paradox in einer Zeit, in der Franz Müntefering mit 65 Jahren sein Amt als Bundesminister für Arbeit und Soziales angetreten hat? Eine seiner ersten Amtshandlungen war es dann, das allgemeine Renteneintrittsalter von 65 Jahren auf 67 Jahre anzuheben. Aber mal ehrlich – wollen Sie wirklich bis zu Ihrem 67. Geburtstag arbeiten? Oder suchen Sie nach Möglichkeiten, eher in Rente zu gehen? Dann haben Sie sich mit diesem TaschenGuide genau die richtige Lektüre ausgesucht.

Sie erhalten einen Überblick über die verschiedenen Wege zur Rente vor 67. Was sollten Sie alles bedenken? Mit welchen Beträgen können Sie rechnen? Denn unterm Strich lautet die entscheidende Frage: Ab wann können Sie sich „Eher in Rente" leisten?

Ich wünsche Ihnen, dass Sie mithilfe dieses TaschenGuides die richtige Antwort auf diese Frage finden.

Andreas Koehler

Rente mit 67 – oder doch schon eher?

Die Rente mit 67 ist in aller Munde. Doch welche Auswirkungen ergeben sich für Sie persönlich durch die vom Gesetzgeber beschlossene Verlängerung der Lebensarbeitszeit?

In diesem Kapitel lesen Sie

- ob und in welchem Umfang Sie von den gesetzlichen Neuregelungen betroffen sind (S. 6 ff.),
- wie sich Abschläge berechnen, wenn Sie eher in Rente gehen (S. 11 ff.) und
- welche Möglichkeiten Sie haben, die Abschläge finanziell auszugleichen (S. 16 ff.).

Bin ich von der Rente mit 67 betroffen?

Diese Frage lässt sich leider nicht mit einem klaren „Ja" oder „Nein" beantworten. Durch das „RV-Altersgrenzen-anpassungsgesetz" wird die Altersgrenze für die Regelaltersrente von bisher 65 Jahren auf das 67. Lebensjahr angehoben. Alle bis 1946 Geborenen sind von den Neuregelungen ausgenommen. Das bedeutet aber nicht, dass im Umkehrschluss alle ab 1947 Geborenen erst mit 67 Jahren in Rente gehen können. Es gibt eine Reihe von Gründen, warum Sie auch schon eher Rente beanspruchen können:

- Die Altersgrenze wird stufenweise angehoben. Die Altersgrenze „67 Jahre" ist erst für die Geburtsjahrgänge 1964 und jünger maßgebend. Für die Geburtsjahrgänge 1947 bis 1963 gilt die Formel „65 Jahre + X".
- Wer bis zum 31.12.1954 geboren ist, kann sich ggf. auf Vertrauensschutzregelungen berufen – mit der Folge, dass die Altersgrenzen nicht angehoben werden.
- Es wurde eine neue Altersrente eingeführt, die von „besonders langjährig Versicherten" mit 65 Jahren in Anspruch genommen werden kann.
- Die so genannten „vorgezogenen Altersrenten" können schon vor Erreichen der Altersgrenze „67 Jahre" beansprucht werden – auch wenn dies meist mit Abschlägen verbunden ist.

Die Regelaltersgrenze

Mit dem RV-Altersgrenzenanpassungsgesetz, kurz für „Gesetz zur Anpassung der Regelaltersgrenze an die demografische Entwicklung und zur Stärkung der Finanzierungsgrundlagen der gesetzlichen Rentenversicherung", wurde der Begriff der Regelaltersgrenze eingeführt. Die Regelaltersgrenze ist das Renteneintrittsalter, das für einen Anspruch auf eine Regelaltersrente vollendet werden muss. Bei der Regelaltersrente handelt es sich um die Altersrente mit den geringsten Anspruchsvoraussetzungen. Diese Rente kann jeder erhalten, der mindestens für fünf Jahre Beiträge in die Rentenkasse eingezahlt hat. Insofern können die meisten Rentenversicherten spätestens mit Erreichen der Regelaltersgrenze in Rente gehen.

Wer vor dem 1.1.1947 geboren ist, erreicht die Regelaltersgrenze mit Vollendung des 65. Lebensjahres. Für nach dem 31.12.1946 Geborene wird die Regelaltersgrenze stufenweise angehoben. Die Stufen der Anhebung betragen

- für die Geburtsjahrgänge 1947 bis 1958 einen Monat pro Jahrgang und
- ab Jahrgang 1959 zwei Monate pro Jahrgang.

Für alle nach 1963 Geborenen gilt dann die Regelaltersgrenze von 67 Jahren. Aus dieser Systematik ergeben sich die folgenden Anhebungsschritte:

Geburtsjahr	Anhebung um ... Monate	Geburtsjahr	Anhebung um ... Monate
bis 1946	-	1956	10
1947	1	1957	11
1948	2	1958	12
1949	3	1959	14
1950	4	1960	16
1951	5	1961	18
1952	6	1962	20
1953	7	1963	22
1954	8	1964 und jünger	24
1955	9		

Anhebung der Altersgrenzen auch bei anderen Rentenarten

Die Anhebung der Regelaltersgrenze wird auf einige vorgezogene Rentenarten übertragen. Fast im Gleichklang mit der Regelaltersgrenze wird die Altersgrenze für eine abschlagsfreie Altersrente für langjährig Versicherte angehoben. Einziger Unterschied hierbei ist, dass die Anhebung erst ab dem Geburtsjahrgang 1949 beginnt. Mittelfristig kann aber auch diese Altersrente erst mit 67 Jahren ohne Abschlag in Anspruch genommen werden.

Bei der Altersrente für schwerbehinderte Menschen werden gleich zwei Altersgrenzen angehoben. Sowohl die Altersgrenze für einen abschlagsfreien Rentenbeginn als auch die Altersgrenze für den unter Berücksichtigung von Abschlägen frühestmöglichen Rentenbeginn werden um jeweils zwei Jahre angehoben. Die Anhebungen erfolgen wie bei der Regelaltersgrenze stufenweise, beginnend ab dem Geburtsjahrgang 1952.

Die Altersgrenzen bei den Altersrenten für Frauen, wegen Arbeitslosigkeit oder nach Altersteilzeitarbeit werden nicht angehoben. Diese Rentenarten kommen aber ohnehin nur für Versicherte in Betracht, die vor dem 1.1.1952 geboren sind.

Wie sich die Anhebungen der Altersgrenzen bei den vorgezogenen Altersrenten konkret auswirken, können Sie im Kapitel „Viele Wege führen zur Rente mit 67" bei den jeweiligen Rentenarten nachlesen.

Bei Vertrauensschutz bleibt alles beim Alten

Im Zusammenhang mit der „Rente mit 67" wurden nur einem sehr eingeschränkten Personenkreis Vertrauensschutzregelungen eingeräumt. Grundsätzlich können Sie sich nur auf Vertrauensschutz berufen, wenn Sie

- vor dem 1.1.1955 geboren sind **und**
- vor dem 1.1.2007 Altersteilzeitarbeit vereinbart haben.

Dann bleibt für Sie alles beim Alten. Spätestens mit 65 Jahren können Sie ohne Abschlag in Rente gehen.

Die neuen Vertrauensschutzregelungen fügen sich in ein Wirrwarr bestehender Vertrauensschutzregelungen ein. Die Anhebung der Altersgrenzen hatte ihren Ursprung bereits im

Rentenreformgesetz 1992 (RRG 1992). Sie wurde in den letzten Jahren durch mehrere Rechtsänderungen erheblich umgestaltet. Und jede Änderung brachte neue Vertrauensschutzregelungen mit sich, die sich zum Teil noch heute auswirken. Vielleicht besitzen Sie bereits aufgrund früherer Rechtsänderungen einen Vertrauensschutz und können eine bestimmte Rentenart viel eher in Anspruch nehmen als bisher angenommen.

Welche Vertrauensschutzregelungen es gibt, können Sie im Kapitel „Viele Wege führen zur Rente vor 67" bei den jeweiligen Rentenarten nachlesen.

> Wenn Sie die Voraussetzungen einer Vertrauensschutzregelung für eine bestimmte Rentenart erfüllen, müssen Sie dies Ihrem Rentenversicherungsträger gegenüber nachweisen. Heben Sie die Unterlagen auf, die den Vertrauensschutz belegen.

Checkliste: Können Sie eher in Rente gehen?

Die Frage „Bin ich von der Rente mit 67 betroffen?" habe ich für die folgende Checkliste etwas abgeändert. Auch wenn Sie nach 1946 geboren und damit von den gesetzlichen Neuregelungen betroffen sind, heißt das nicht zwangsläufig, dass Sie erst mit Erreichen der Regelaltersgrenze in Rente gehen können. Mit jedem „Ja" auf die folgenden Fragen steigen die Chancen, dass Sie eher in Rente gehen können.

Frage:	ja	nein
Wenn Sie vor 1952 geboren sind:		
▪ Sind Sie weiblich?		
▪ Werden Sie am Ende Ihres Erwerbslebens Altersteilzeitarbeit ausüben oder arbeitslos sein?		
Sind Sie vor 1955 geboren und haben vor dem 1.1.2007 Altersteilzeit vereinbart?		
Werden Sie mindestens 35 Jahre mit Zeiten zur Rentenversicherung erreichen?		

Eher in Rente – wie hoch sind die Abschläge?

Wenn Sie eher in Rente gehen, müssen Sie mit Rentenabschlägen rechnen. Diese können je nach gewählter Rentenart bis zu 18% betragen. Und das bis zum Ende Ihrer Tage und noch darüber hinaus. Wenn Ihr Ehegatte oder Lebenspartner Sie überlebt, wird die Hinterbliebenenrente um den gleichen Prozentsatz gemindert. Ganz schön happig werden Sie jetzt sagen. Aber die Alternative, bis zur Regelaltersgrenze zu arbeiten, streben Sie sicher auch nicht an. Sonst hätten Sie diesen TaschenGuide nicht zur Hand genommen.

Vorgezogen, regulär, vorzeitig und frühestmöglich

Diese Begriffe werden Ihnen in diesem TaschenGuide im Zusammenhang mit den Altersrenten noch öfter begegnen. Daher möchte ich sie kurz erläutern:

- Als vorgezogene Altersrenten werden die Renten bezeichnet, die Sie vor Vollendung der Regelaltersgrenze beanspruchen können.
- Der reguläre oder auch abschlagsfreie Rentenbeginn ist der Zeitpunkt, zu dem die Altersrente beginnen kann ohne dass sie gemindert wird. Der Zeitpunkt ist teilweise von dem Monat/Jahr abhängig, in dem Sie geboren sind.
- Außer der Altersrente für besonders langjährig Versicherte können alle vorgezogenen Altersrenten vorzeitig in Anspruch genommen werden. Das heißt, Sie können diese Renten vor dem regulären Rentenbeginn erhalten, wenn Sie dafür Ihr ganzes Leben Abschläge in Kauf nehmen.
- Der frühestmögliche Rentenbeginn ist der Zeitpunkt, ab dem die Altersrente mit Abschlägen frühestens gezahlt werden kann.

> Eher in Rente gehen heißt: Irgendwann ab dem frühestmöglichen und vor dem regulären Rentenbeginn eine vorgezogene Altersrente vorzeitig mit Abschlägen in Anspruch nehmen.

Soweit alles klar? Dann stellt sich ja nur noch die Frage, wann dieser tatsächliche Rentenbeginn bei Ihnen sein wird.

Um wie viel Prozent wird die Rente gemindert?

Der Prozentsatz um den eine Altersrente gemindert wird, hängt von zwei Faktoren ab:

- dem regulären Rentenbeginn und
- dem tatsächlichen Rentenbeginn.

Die Differenz an Monaten zwischen diesen beiden Zeitpunkten wird mit 0,3% vervielfältigt. Das Ergebnis ist der Prozentsatz, um den die Rente gemindert wird.

Beispiel

Inge Lamprecht könnte ab dem 1.11.2012 eine Altersrente ohne Abschläge beanspruchen. Diese würde nach heutigem Stand rund 1.000 EUR betragen. Sie möchte aber zum 1.3.2010 – also 32 Monate eher – in Rente gehen. Der Abschlag beträgt 32 x 0,3% = 9,6%. Die Rente verringert sich um 96 EUR auf 904 EUR.

Erwerbsminderungsrenten werden um bis zu 10,8% gemindert, wenn sie „zu früh" in Anspruch genommen werden. Wie das geht, können Sie im übernächsten Kapitel „Sind auch Erwerbsminderungsrenten betroffen?" nachlesen.

Der ideale Zeitpunkt für die Rente?

Eine Faustformel hierfür gibt es nicht. Vielleicht erwartet Ihr Arbeitgeber von Ihnen, dass Sie etwas für die Jugend tun und freundlicherweise Ihren Arbeitsplatz zu Gunsten eines dynamischen Kollegen räumen. Oder Ihr Arbeitslosengeld läuft bald aus und auf Hartz IV haben Sie wirklich keine Lust. In diesen Fällen können Sie nicht wirklich wählen, wann Sie in

Rente gehen. Besser dran sind Sie natürlich, wenn Sie über eine so gravierende Änderung wie den Eintritt in den Ruhestand selbst bestimmen können. Dann können Sie folgende Überlegungen anstellen:

- Zum frühestmöglichen Rentenbeginn sind die Abschläge am höchsten. Dafür haben Sie länger etwas von Ihrer Rente.
- Jeden Monat, den Sie später in Rente gehen, erhöht sich die Rente durch
  - weitere Beiträge und
  - sinkende Abschläge.
- Zum regulären Rentenbeginn ist die Rente am Höchsten. Dafür werden Sie sich in Ihrem Beruf noch oft fragen, warum Sie sich das antun.

Ein Rechenspiel

Nehmen wir an, Sie könnten frühestens mit 66 Jahren eine Altersrente ohne Abschlag beanspruchen. Mit Abschlag könnten Sie diese Rente schon mit 63 Jahren erhalten. Die Höhe dieser Rente würde vor Abzug des Abschlags 1.350 EUR betragen. Aufgrund der vorzeitigen Inanspruchnahme wäre die Rente um 10,8% auf 1.204,20 EUR zu mindern.

Nehmen wir ferner an, Sie stehen vor dem Rentenbeginn in einem Beschäftigungsverhältnis und verdienen 3.500 EUR im Monat. Jeder Monat, den Sie länger arbeiten,

- erhöht die Rente vor Abzug des Abschlags um 3,12 EUR und
- verringert den Prozentsatz für die Rentenminderung um 0,3.

Üben Sie die Beschäftigung bis zu Ihrem 66. Geburtstag aus, würde sich die Rente wie folgt entwickeln (ohne Rentenanpassungen):

Alter bei Rentenbeginn (Jahre/Mon.)	Rente vor Abschlag	Prozentsatz Minderung in EUR	Minderung in EUR	Monatliche Rente in EUR
63/0	1.350,00	10,8	145,80	1.204,20
63/6	1.368,72	9,0	123,18	1.245,54
64/0	1.387,44	7,2	99,90	1.287,54
64/6	1.406,16	5,4	75,93	1.330,23
65/0	1.424,88	3,6	51,30	1.373,58
65/6	1.443,60	1,8	25,98	1.417,62
66/0	1.462,32	0,0	0,00	1.462,32

Was ist nun sinnvoller? Mit 63 Jahren die monatliche Rente in Höhe von 1,204,20 EUR oder mit 66 Jahren die in Höhe von 1.462,32 EUR? Mit Blick auf die statistische Lebenserwartung müssten Sie sich eigentlich für die Rente mit 66 entscheiden. Danach werden nach neuesten Erkenntnissen eine heute 50-jährige Frau 94 Jahre und ein 50-jähriger Mann 90 Jahre alt.

Diese „Statistik-Menschen" bekämen bis an ihr Lebensende folgende Gesamtrentenbeträge:

Frau, Rente mit 66: 28 x 12 x 1.462,32 = 491.339,52 EUR
Frau, Rente mit 63: 31 x 12 x 1.204,20 = 447.962,40 EUR
Differenz: 43.377,12 EUR

Mann, Rente mit 66: 24 x 12 x 1.462,32 = 346.809,60 EUR
Mann, Rente mit 63: 27 x 12 x 1.204,20 = 390.160,80 EUR
Differenz: 43.351,20 EUR

Doch was, wenn die Statistik irrt? Werden die Protagonisten unseres Beispiels dagegen nur 75 Jahre alt, wären sie bei der Rente mit 63 Jahren besser gefahren.

Sie sehen, viele Faktoren spielen bei der Wahl des richtigen Rentenbeginns eine Rolle. Ich wünsche Ihnen, dass Sie den für Sie richtigen Zeitpunkt finden.

Kann ich die Abschläge finanziell ausgleichen?

Die Entscheidung eher in Rente zu gehen wird Ihnen leichter fallen, wenn Sie die Abschläge irgendwie wettmachen können. Hierfür bestehen folgende Möglichkeiten:

- Sie (oder Ihr Arbeitgeber) zahlen direkt Beiträge in die Rentenkasse ein und gleichen so die Rentenminderung aufgrund der vorzeitigen Inanspruchnahme ganz oder teilweise aus.
- Sie verdienen neben der Rente hinzu und erhöhen so Ihre monatlichen Einkünfte oder
- Sie stocken Ihre – hoffentlich schon bestehende – private Altersversorgung um den Minderungsbetrag der Rente auf.

Die beiden ersten Möglichkeiten werden im hinteren Teil dieses TaschenGuides ausführlich erläutert. Nachfolgend wird die zusätzliche private Altersvorsorge etwas genauer betrachtet.

Exkurs: Altersvorsorge und Versorgungslücken

Die Altersvorsorge setzt sich aus drei wichtigen Bestandteilen zusammen:

- der Basisversorgung, zu der die Rente aus der gesetzlichen Rentenversicherung gehört,
- der Zusatzversorgung durch die betriebliche Altersvorsorge und
- der privaten Vorsorge mit Lebens- und Rentenversicherungen, Sparplänen, Immobilien usw.

In den kommenden Jahrzehnten wird die Höhe der gesetzlichen Rente im Verhältnis zu dem, was man sein ganzes Leben verdient hat, immer weiter abnehmen. Schon heute ist es nicht immer möglich, den während des Arbeitslebens gewohnten Lebensstandard nur mit der gesetzlichen Rente zu halten. Es ist daher wichtiger denn je, sich außerhalb der gesetzlichen Rente für das Alter zusätzlich abzusichern.

Beispiel

Walter Schmidt ist ein Durchschnittsverdiener. Er erzielt aus einer Beschäftigung monatlich 2.457,33 EUR brutto. Nach Abzug von Steuern und Sozialversicherungsbeiträgen bekommt er 1.500,47 EUR netto ausgezahlt. Herr Schmidt hat insgesamt

> 45 Jahre einen Verdienst in Höhe des Durchschnittsentgelts der Rentenversicherung erzielt. Hieraus errechnet sich monatlich eine abschlagsfreie Altersrente in Höhe von 1.182,15. Hiervon werden Kranken- und Pflegeversicherungsbeiträge abgezogen. Es ergibt sich eine Nettorente von 1.066,89 EUR.

Dieses Beispiel verdeutlicht, dass der Lebensstandard im Alter deutlich herabgesetzt werden muss, wenn man sich nur auf die gesetzliche Rente verlässt. Erst recht, wenn diese wegen der vorzeitigen Inanspruchnahme auch noch zusätzlich gekürzt wird. Die Versorgungslücke ist der Betrag, der zusätzlich zur gesetzlichen Rente und Betriebsrente erforderlich ist, um den bisherigen Lebensstandard auch im Alter halten zu können.

So berechnen Sie Ihre Versorgungslücke

1. Bedarf im Alter	
	Aktuelle Lebenshaltungskosten (z.B. Miete, Darlehen für Eigenheim, Strom, Lebensmittel, Fahrtkosten, Spar- und Kreditraten, Versicherungen, Hobbys, Kleidung, Urlaub, Anschaffungen usw.)
-	Kosten, die im Alter wegfallen (z.B. Sparraten und Versicherungsbeiträge für Altersvorsorge, ggf. Zweitwagen, Fahrtkosten, Darlehen für Eigenheim, weniger Anschaffungen, Kleidung usw.)
+	Kosten, die im Alter zusätzlich entstehen (z.B. für neue Hobbys, Krankheiten, Kuren, Altenheim usw.)

2. Einkünfte im Alter	
	Altersrente aus der gesetzlichen Rentenversicherung
+	betriebliche Altersversorgung
+	Leistungen aus der privaten Altersvorsorge (z.B. Geldanlage, Immobilien, private Renten- und Lebensversicherungsverträge usw.)
3. Versorgungslücke	
	Bedarf im Alter
-	Einkünfte im Alter

Wenn Sie im Internet nach den Begriffen „Versorgungslücke" und „berechnen" suchen, finden Sie schnell eine Reihe von Seiten, auf denen Sie sich Ihre Versorgungslücke ausrechnen können.

Prognosen der Rentenversicherungsträger

Bei der Planung Ihrer Altersvorsorge können Sie nur die Beträge einbeziehen, die Sie später mit hoher Wahrscheinlichkeit auch erhalten. Die Rentenversicherungsträger prognostizieren in ihren Renteninformationen und Rentenauskünften die Höhe einer Regelaltersrente. Dies erfolgt auf der Annahme, dass Sie bis zu Ihrer Regelaltersgrenze in dem Umfang weiter verdienen, wie Sie es in den letzten Jahren getan haben. Wenn Sie eher in Rente gehen, müssen Sie diesen Betrag um die entsprechenden Abschläge mindern. Es ergibt sich eine zusätzliche Versorgungslücke.

Beispiel

Petra Reinfeldt könnte mit 67 Jahren laut Renteninformation eine Regelaltersrente in Höhe von 1.525 EUR erhalten. Sie weiß aber, dass sie spätestens mit 63 Jahren in Rente gehen möchte. Demzufolge kann sie nur 1.525 – 14,4% = 1.305,40 EUR für ihre Altersvorsorge einplanen. Würde sie die vollen 1.525 EUR einplanen, hätte sie später zwangsläufig eine Versorgungslücke von 219,60 EUR.

Prognosen der privaten Versicherungen

Auch die privaten Versicherungsunternehmen informieren Sie regelmäßig über die Entwicklung bestehender Altersvorsorgeverträge. Neben den garantierten Leistungen und den bereits angesparten Überschussanteilen enthalten diese Mitteilungen auch eine Prognose über mögliche Gewinnerwartungen. Vergleicht man die Prognosen von vor 10 Jahren mit denen von heute stellt man fest, dass die Gewinnerwartungen zum Teil erheblich nach unten korrigiert wurden. Dies liegt natürlich zu einem großen Teil an der schwierigen wirtschaftlichen Situation in unserem Land in den letzten Jahren. Aber für mich heißt das, dass man bei der Altersvorsorge in erster Linie nur die garantierte Leistung und die bereits angesparten Überschussanteile voll einplanen kann. Von den Gewinnerwartungen sollte maximal die Hälfte berücksichtigt werden. Damit sind Sie später auf der sicheren Seite. Und bedenken Sie: „Eher in Rente" bedeutet auch bei privaten Versicherungsverträgen eine niedrigere Leistung. Sie zahlen ja auch entsprechend weniger Beiträge ein.

Nicht zu vergessen: die Inflationsrate

Die Beträge, mit denen Sie heute rechnen, werden in 10 oder 20 Jahren eine deutlich geringere Kaufkraft haben.

Beispiel

Sophie Kaufmann ist 35 Jahre alt. Sie hat nach heutigem Stand ermittelt, dass sie für ihren Lebensunterhalt im Alter rund 1.500 EUR benötigt. Bei einer angenommenen Inflationsrate von 2% wird sich dieser Betrag auf 2.717 EUR erhöhen.

Die nachfolgende Tabelle enthält die Faktoren, um die sich Ihr Bedarf im Alter vervielfältigen wird:

nach	angenommene Inflationsrate					
	1,0%	1,5%	2,0%	2,5%	3,0%	3,5%
5 Jahren	1,05	1,08	1,10	1,13	1,16	1,19
10 Jahren	1,10	1,16	1,22	1,28	1,34	1,41
15 Jahren	1,16	1,25	1,35	1,45	1,56	1,68
20 Jahren	1,22	1,35	1,49	1,64	1,81	1,99
25 Jahren	1,28	1,45	1,64	1,85	2,09	2,36
30 Jahren	1,35	1,56	1,81	2,10	2,43	2,81

Prüfen Sie in regelmäßigen Abständen den Stand Ihrer Altersvorsorge.

Um die Inflationsrate auszugleichen, sind Sie bei der gesetzlichen Rente im Wesentlichen von dem Umfang der künftigen Rentenanpassungen abhängig. Da sich diese u.a. auch an der

Entwicklung der Löhne und Gehälter orientieren, ist ein – wenn auch nur teilweiser – Inflationsausgleich gewährleistet.

Bei der privaten Altersvorsorge können Sie Beitragsanpassungen vereinbaren und dadurch eine höhere Leistung erhalten. Möglicherweise ist es aber für Sie auch günstiger, im Lauf der Jahre zusätzliche Verträge abzuschließen.

Sind auch Erwerbsminderungsrenten betroffen?

Diese Frage lässt sich mit einem klaren Jein beantworten. Es gibt im Zusammenhang mit der „Rente mit 67" eine Anpassung der Altersgrenzen bei den Erwerbsminderungsrenten. Diese dürfte sich praktisch aber nur bei wenigen auswirken.

Erwerbsminderungsrenten können gezahlt werden, wenn die Leistungsfähigkeit aus gesundheitlichen Gründen eingeschränkt ist. Nun fragen Sie sich bestimmt, was Altersgrenzen überhaupt mit diesen Renten zu tun haben. Man sucht sich ja eine Erwerbsminderung schließlich nicht aus. Und erst recht kann man nicht bestimmen, wann sie eintritt. Stimmt. Aber dennoch hat das Lebensalter, zu dem eine Erwerbsminderung eintritt, einen erheblichen Einfluss auf die Rentenhöhe.

Nach bisherigem Recht werden Erwerbsminderungsrenten für jeden Kalendermonat, in dem Rente vor dem 63. Lebensjahr in Anspruch genommen wird, um 0,3 % gemindert.

Beispiel

Martin Schiffer erhält mit 62 Jahren und 5 Monaten eine Erwerbsminderungsrente. Die Rente wird 7 Monate vor Vollendung des 63. Lebensjahres in Anspruch genommen und daher nach bisherigem Recht um 7 x 0,3% = 2,1% gemindert.

Beginnt die Rente vor dem 60. Geburtstag, wird die Rentenminderung so berechnet, als hätte man das 60. Lebensjahr bereits vollendet. Dadurch kann sich eine Rentenminderung von maximal 10,8% ergeben.

Beispiel

Sonja Schneider erhält bereits mit 47 Jahren eine Erwerbsminderungsrente. Das sind 16 Jahre – also 192 Monate – vor Vollendung des 63. Lebensjahres. Es kommt aber nicht zu 192 x 0,3% = 57,6% Abschlag. Es wird so getan, als wäre Frau Schneider bereits 60 Jahre alt. Die Rente wird demzufolge nur drei Jahre (=36 Monate) zu früh in Anspruch genommen. Die Rente wird um 36 x 0,3% = 10,8% gemindert.

Im Zusammenhang mit der „Rente mit 67" wird die für die abschlagsfreie Erwerbsminderungsrente maßgebende Altersgrenze von der Vollendung des 63. Lebensjahres auf die Vollendung des 65. Lebensjahres angehoben. Parallel dazu wird die fiktive Altersgrenze von 60 Jahren, durch die der maximale Abschlag gesteuert wird, auf 62 Jahre verschoben. Die Anhebung der beiden Altersgrenzen erfolgt stufenweise bei einem Rentenbeginn ab 2012. Beginnt die Rente früher, verbleibt es bei den Altersgrenzen von 63 / 60 Jahren.

> Die Altersgrenzen, mit denen die Rentenminderung bei Erwerbsminderungsrenten bestimmt wird, werden nicht angehoben, wenn die Versicherten 40 Jahre mit Pflichtbeitragszeiten und anderen entsprechenden rentenrechtlichen Zeiten zurückgelegt haben.

Bei einem Rentenbeginn ab 2024 stellen das 65. / 62. Lebensjahr die maßgebenden Lebensalter für die Bestimmung der Rentenminderung dar. Bei Rentenbeginn bis 2023 gilt eine Übergangsregelung. Danach werden die Altersgrenzen beginnend mit dem Jahrgang 1952 stufenweise von 63 / 60 Jahren auf 65 / 62 Jahre wie folgt angehoben:

- bei Rentenbeginn in den Monaten Januar bis Mai 2012 um jeweils einen Monat
- bei Rentenbeginn in den Monaten Juni bis Dezember 2012 um sechs Monate
- bei Rentenbeginn in den Jahren 2013 bis 2018 um jeweils einen weiteren Monat
- bei Rentenbeginn in den Jahren 1959 bis 1963 um jeweils zwei weitere Monate

Von der Neuregelung sind nur Versicherte betroffen, die zum Beginn der Erwerbsminderungsrente bereits das 60. Lebensjahr vollendet haben. Bei jüngeren Versicherten ergibt sich sowohl nach altem als auch nach neuem Recht eine Rentenminderung von 10,8%.

Beispiel

Bei Martin Schiffer aus dem vorletzten Beispiel käme es nach neuem Recht und Ablauf der Übergangsregelung (also ab 2024) zu einer Rentenminderung um 9,3% (31 x 0,3%), da er die Rente 31 Monate vor Vollendung des 65. Lebensjahres in Anspruch nähme. Der Abschlag wird also durch das neue Recht um 7,2% höher.

Bei Sonja Schneider aus dem letzten Beispiel ändert sich dagegen durch die Neuregelung nichts. Nach altem und nach neuem Recht beträgt die Rentenminderung jeweils 10,8%.

Arbeitsrechtliche Anpassung der Altersgrenzen

Unbefristete Arbeitsverträge enthalten oft die Regelung, dass das Anstellungsverhältnis mit Ablauf des Monats endet, in dem der Arbeitnehmer ein bestimmtes Lebensjahr vollendet, ohne dass es einer Kündigung bedarf. Bereits nach dem bisherigen Recht galt eine solche Vereinbarung dem Arbeitnehmer gegenüber als auf die Vollendung des 65. Lebensjahres abgeschlossen, es sei denn, die Vereinbarung wurde innerhalb der letzten drei Jahre vor dem vertraglich vereinbarten Zeitpunkt abgeschlossen oder von dem Arbeitnehmer bestätigt. Durch diese gesetzliche Fiktion soll sichergestellt werden, dass ein möglicher vorzeitiger Rentenanspruch ohne Zustimmung des Arbeitnehmers im rentennahen Alter nicht zur Auflösung des Arbeitsverhältnisses führt.

Im Zusammenhang mit der „Rente mit 67" wird der Zeitpunkt der gesetzlichen Fiktion vom 65. Lebensjahr des Arbeitnehmers auf dessen Regelaltersgrenze angehoben. Dadurch entfällt das Erfordernis, bestehende Arbeitsverträge im Hinblick auf die Verschiebung der Altersgrenzen bei der gesetzlichen Rente abzuändern.

Beispiel

Erika Wendt ist am 25.11.1951 geboren. In ihrem zum 1.5.1985 geschlossenen Arbeitsvertrag heißt es: „Das Arbeitsverhältnis endet mit Ablauf des Monats, in dem der Arbeitnehmer das 60. Lebensjahr vollendet, ohne dass es einer Kündigung bedarf." Die Regelung wurde damals vor dem Hintergrund getroffen, dass Erika Wendt mit 60 Jahren eine Altersrente für Frauen beanspruchen kann.

Bereits nach dem bisherigen Recht gilt dieser Arbeitsvertrag als auf die Vollendung des 65. Lebensjahres abgeschlossen. Aufgrund der gesetzlichen Neuregelung ist nunmehr die Regelaltersgrenze maßgebend. Diese beträgt für eine 1951 geborene Arbeitnehmerin 65 Jahre und 5 Monate. Der Arbeitsvertrag endet also ohne eine Kündigung mit Ablauf des 30.04.2017.

Die Arbeitnehmerin kann aber ab dem 1.12.2008 (3 Jahre vor dem ursprünglich vereinbarten Zeitpunkt) erklären, dass das Arbeitsverhältnis mit Ablauf des Monats der Vollendung ihres 60. Lebensjahres enden soll.

Viele Wege führen zur Rente vor 67

Es gibt verschiedene Altersrenten. Je nachdem, für welche Rentenart Sie die Voraussetzungen erfüllen, können Sie irgendwann zwischen 60 und 67 Jahren in Rente gehen. Auch eine Rente wegen verminderter Erwerbsfähigkeit kann in Betracht kommen.

In diesem Kapitel lesen Sie

- welche Rentenarten es gibt, z.B. die neue Altersrente für besonders langjährig Versicherte (S. 47),
- welche Voraussetzungen Sie für die jeweiligen Rentenarten erfüllen müssen, z.B. für die Altersrente für Schwerbehinderte (S. 41 f.),
- wann die verschiedenen Rentenarten beginnen können, z.B. die Altersrente für langjährig Versicherte (S. 37), und
- ob und in welcher Höhe Sie Rentenabschläge in Kauf nehmen müssen, so z.B. bei der Altersrente für Frauen (S. 55 f.).

Grundsätzliches

Da Sie diesen TaschenGuide zur Hand genommen haben, wird die Rente aus der gesetzlichen Rentenversicherung für Sie vermutlich das wichtigste Einkommen im Alter oder bei Erwerbsminderung bilden. Die Rente muss zu einem großen Teil Einkommensverluste ausgleichen, die durch die alters- oder gesundheitsbedingte Aufgabe Ihrer Erwerbstätigkeit entstehen. Die Entscheidung „Eher in Rente" können Sie natürlich nur treffen, wenn Sie wissen, welche Rentenarten für Sie überhaupt in Frage kommen. Hierfür erhalten Sie zunächst einige Grundlagen, die für alle Rentenansprüche gültig sind. Anschließend gehe ich auf die Besonderheiten bei den verschiedenen Rentenarten ein.

Altersrenten

Altersrenten werden gezahlt als

- Regelaltersrente,
- Altersrente für langjährig Versicherte,
- Altersrente für schwerbehinderte Menschen,
- Altersrente für besonders langjährig Versicherte,
- Altersrente wegen Arbeitslosigkeit oder nach Altersteilzeitarbeit und
- Altersrente für Frauen.

Ab welchem Lebensalter Sie die Voraussetzungen für eine Altersrente erfüllen, hängt im Wesentlichen von den Rentenarten ab, die Sie beanspruchen können. Je eher Sie eine Altersrente erhalten wollen, desto höher sind die Anforderungen, die Sie hierfür erfüllen müssen.

Beispiel

Eine 1950 geborene Versicherte kann mit 65 Jahren und 4 Monaten eine Altersrente erhalten, wenn sie für mindestens fünf Jahre Beiträge in die Rentenkasse eingezahlt hat. Möchte diese Versicherte bereits mit 60 Jahren in Rente gehen, müsste sie z.B. für mindestens 15 Jahre Beiträge gezahlt haben und ab ihrem 40. Geburtstag mehr als 10 Jahre gearbeitet haben.

Sie können eine Altersrente vor Vollendung der Regelaltersgrenze nur erhalten, wenn Sie Ihren Beruf aufgeben oder nur noch einen Hinzuverdienst im Rahmen der gesetzlichen Möglichkeiten erzielen. Die Altersrente beginnt frühestens mit dem Kalendermonat, der auf die Vollendung des maßgebenden Lebensalters folgt, wenn bis dahin auch die weiteren Voraussetzungen erfüllt sind und der Rentenantrag rechtzeitig gestellt wird.

Wer am Ersten eines Monats geboren ist, vollendet das maßgebende Lebensalter am letzten Tag des Vormonats. Die altersmäßigen Voraussetzungen sind also bereits im Vormonat erfüllt.

Überlegen Sie sich gut, für welche Altersrente Sie sich entscheiden. Nehmen wir an, Sie könnten heute eine Altersrente mit z.B. 10,8% erhalten. In einem halben Jahr könnten Sie vielleicht eine andere Altersrente mit nur 3% Abschlag bekommen. Dann sollten Sie lieber noch das halbe Jahr warten, bis Sie in Rente gehen. Wird Ihnen eine Altersrente bewilligt, ist der Wechsel in eine andere Altersrente nicht mehr möglich.

Renten wegen verminderter Erwerbsfähigkeit

Die im allgemeinen Sprachgebrauch oft als „Frührenten" bezeichneten Renten wegen verminderter Erwerbsfähigkeit werden gezahlt als

- Rente wegen voller Erwerbsminderung und
- Rente wegen teilweiser Erwerbsminderung,

Anders als bei den Altersrenten ist der Anspruch bei Renten wegen verminderter Erwerbsfähigkeit nicht vom Erreichen eines bestimmten Lebensalters abhängig. Es kommt vielmehr darauf an, ob und in welchem Umfang Ihre Leistungsfähigkeit beim Ausüben einer Erwerbstätigkeit aus gesundheitlichen Gründen oder durch eine Behinderung eingeschränkt ist.

Wartezeiten

Für jede Rentenart müssen Sie eine gesetzlich vorgegebene Mindestversicherungszeit – die so genannte Wartezeit – in der gesetzlichen Rentenversicherung zurückgelegt haben. Bei den Wartezeiten wird unterschieden zwischen

- der allgemeinen Wartezeit und
- den besonderen Wartezeiten.

Die Wartezeit muss vor dem jeweiligen Rentenfall erfüllt sein. Danach liegende Zeiten werden bei der Wartezeit grundsätzlich nicht berücksichtigt.

Beispiel

Der 51jährige Klaus Müller erleidet am 31.7.2007 einen Schlaganfall. Er erhält zunächst für 6 Wochen Lohnfortzahlung von seinem Arbeitgeber. Anschließend zahlt ihm seine Krankenkasse Krankengeld. Ab dem 1.2.2008 bekommt er eine volle Erwerbsminderungsrente. Da der Rentenfall am 31.7.2007 eingetreten ist, muss die Wartezeit bis zu diesem Tage erfüllt sein. Weder die Lohnfortzahlung noch das Krankengeld werden bei der Wartezeit berücksichtigt.

Allgemeine Wartezeit

Die allgemeine Wartezeit beträgt fünf Jahre. Sie ist Voraussetzung für die Regelaltersrente und für die Renten wegen verminderter Erwerbsfähigkeit. Auf die allgemeine Wartezeit werden im Wesentlichen nur die Monate angerechnet, für die Beiträge zur gesetzlichen Rentenversicherung gezahlt wurden oder als gezahlt gelten. Hierzu gehören z.B.

- Pflichtbeiträge, die Ihr Arbeitgeber aufgrund Ihres Beschäftigungsverhältnisses monatlich an die gesetzliche Rentenversicherung abführt,
- von Ihnen selbst gezahlte Rentenversicherungsbeiträge,
- Beiträge, die aufgrund von Krankengeld-, Arbeitslosengeld- oder anderem Sozialleistungsbezug gezahlt werden oder
- Beitragszeiten, die Ihrem Rentenkonto wegen der Erziehung von Kindern gutgeschrieben werden.

Bei der allgemeinen Wartezeit werden auch Monate berücksichtigt, die dem Rentenkonto zusätzlich gutgeschrieben werden. So z.B. für geringfügig entlohnte Beschäftigungen oder wenn ehezeitliche Rentenanwartschaften im Rahmen eines Versorgungsausgleichs bzw. Rentensplittings übertragen werden. Auch die heutzutage eher bedeutungslos gewordenen Ersatzzeiten zählen bei der allgemeinen Wartezeit mit. Durch besondere Umstände kann die allgemeine Wartezeit auch als vorzeitig erfüllt gelten. Gründe hierfür können u.a. ein Arbeitsunfall, eine Berufskrankheit oder der Eintritt einer vollen Erwerbsminderung innerhalb von sechs Jahren nach Beendigung einer Berufsausbildung sein.

Wenn Sie von Ihrem Rentenversicherungsträger jährlich eine so genannte Renteninformation zugesandt bekommen können Sie sicher sein, dass Sie die allgemeine Wartezeit erfüllt haben.

Besondere Wartezeiten

Wenn Sie mit der Altersrente nicht bis zum Erreichen der Regelaltersgrenze warten möchten, müssen Sie eine der besonderen Wartezeiten erfüllen. Den „Luxus“ eines früheren Rentenbeginns erkaufen Sie sich dadurch, dass Sie wesentlich mehr als fünf Jahre in die Rentenkasse eingezahlt haben. Für Altersrenten, die vor dem Erreichen der Regelaltersgrenze beginnen, gibt es folgende Wartezeiten (Mindestversicherungszeiten):

- Wartezeit von 15 Jahren

Diese Wartezeit muss für die Altersrente für Frauen, wegen Arbeitslosigkeit oder nach Altersteilzeit erfüllt werden. Es werden genau die gleichen Zeiten berücksichtigt wie bei der allgemeinen Wartezeit.

- Wartezeit von 35 Jahren

Diese Wartezeit muss für die Altersrente für schwerbehinderte Menschen oder für langjährig Versicherte erfüllt werden. Auch hier werden die gleichen Zeiten berücksichtigt wie bei der allgemeinen Wartezeit. Darüber hinaus werden auch Anrechnungszeiten (z. B. Schul- Fachschul- und Hochschulzeiten) und Berücksichtigungszeiten (z.B. Erziehung von Kindern bis zu deren 10. Geburtstag) angerechnet.

- Wartezeit von 45 Jahren

Diese Wartezeit muss für die neu eingeführte Altersrente für besonders langjährig Versicherte erfüllt werden. Es werden nur Pflichtbeitragszeiten aufgrund einer Beschäftigung oder selbstständigen Tätigkeit, Berücksichtigungszeiten und Ersatzzeiten angerechnet. Pflichtbeitragszeiten aufgrund des Bezugs von Arbeitslosengeld und Arbeitslosengeld II oder Anrechnungszeiten werden nicht berücksichtigt.

> Ihr Rentenversicherungsträger informiert Sie regelmäßig darüber, welche Wartezeiten Sie bereits erfüllt haben. Sie sollten diese Mitteilung zum Anlass nehmen und prüfen, ob Sie durch zukünftige Zeiten höherwertige Wartezeiten erfüllen können.

Persönliche und versicherungsrechtliche Voraussetzungen

Um einen Rentenanspruch zu erwerben, müssen Sie neben der Wartezeit auch persönliche und ggf. versicherungsrechtliche Voraussetzungen erfüllen.

- Die persönlichen Voraussetzungen für eine Rentenart erfüllen Sie dadurch, dass Sie z.B. ein bestimmtes Lebensalter vollenden oder arbeitslos sind.
- Die versicherungsrechtlichen Voraussetzungen erfüllen Sie dadurch, dass bei Ihnen in einem bestimmten Zeitraum gewisse rechtserhebliche Zeiten vorliegen.

Welche Voraussetzungen Sie für die jeweiligen Rentenarten erfüllen müssen, erläutere ich Ihnen im nächsten Kapitel.

Checkliste: Welche Rentenarten kann ich erhalten?

Sachverhalt	Rentenart
Sie haben mindestens fünf Jahre in die Rentenkasse eingezahlt.	Regelaltersrente
Sie haben nach Schule/Studium einen großen Teil Ihres Versicherungslebens Beiträge zur Rentenversicherung gezahlt oder Kinder erzogen.	Altersrente für langjährig Versicherte
Sie sind zu mindestens 50% schwerbehindert.	Altersrente für schwerbehinderte Menschen
Sie haben Ihr ganzes Versicherungsleben fast ununterbrochen gearbeitet, waren kaum arbeitslos oder haben Kinder erzogen.	Altersrente für besonders langjährig Versicherte

Sie sind vor 1952 geboren und zum Ende Ihres Versicherungslebens arbeitslos oder üben Altersteilzeitarbeit aus.	Altersrente wegen Arbeitslosigkeit oder nach Altersteilzeitarbeit
Sie sind vor 1952 geboren und weiblich.	Altersrente für Frauen
Ihre Leistungsfähigkeit ist aus gesundheitlichen Gründen oder durch eine Behinderung eingeschränkt.	Erwerbsminderungsrente

Die Rentenarten, die für Sie nicht in Frage kommen, können Sie auf den folgenden Seiten getrost überblättern.

Regelaltersrente

Versicherte haben Anspruch auf eine Regelaltersrente, wenn

- sie die Regelaltersgrenze vollendet haben und
- die allgemeine Wartezeit erfüllt ist.

Die Regelaltersrente kann nicht vorzeitig – also vor Erreichen der Regelaltersgrenze – in Anspruch genommen werden. Mit welchem Lebensalter die Regelaltersgrenze erreicht wird, kann der folgenden Tabelle entnommen werden:

Geburtsjahr	Regelaltersgrenze erreicht mit Alter		Geburtsjahr	Regelaltersgrenze erreicht mit Alter	
	Jahre	Monate		Jahre	Monate
bis 1946	65	0	1956	65	10
1947	65	1	1957	65	11
1948	65	2	1958	66	0
1949	65	3	1959	66	2
1950	65	4	1960	66	4
1951	65	5	1961	66	6
1952	65	6	1962	66	8
1953	65	7	1963	66	10
1954	65	8	1964 und jünger	67	0
1955	65	9			

Beispiel

Karl-Heinz Held ist am 15.7.1956 geboren. Nach vorstehender Tabelle erreicht er die Regelaltersgrenze mit Vollendung eines Lebensalters von 65 Jahren und 10 Monaten, also am 14.5.2022. Die Regelaltersrente kann also am 1.6.2022 beginnen.

Die Regelaltersgrenze wird für Versicherte, die

- vor dem 1. Januar 1955 geboren sind und
- vor dem 1.1.2007 Altersteilzeitarbeit vereinbart haben

nicht angehoben. Diese Versicherten können die Regelaltersrente mit 65 Jahren beanspruchen. Wird die Regelaltersrente nach Erreichen der Regelaltersgrenze nicht gleich in Anspruch genommen, obwohl die allgemeine Wartezeit erfüllt ist, erhöht sich Rente. Die Erhöhung beträgt 0,5% für jeden Monat, den die Rente später beginnt.

Beispiel

> Ingrid Hermann ist 1943 geboren und könnte mit 65 Jahren eine Regelaltersrente in Höhe von 600 EUR erhalten. Beantragt sie die Rente erst nach Vollendung des 66. Lebensjahres, erhöht sich diese um 12 x 0,5% = 6%. Sie beträgt dann 600 EUR + 6% = 636 EUR.

Der um 36 EUR erhöhten Rente aus dem Beispiel stehen aber 12 x 600 EUR = 7.200 EUR gegenüber, die die Rente nicht in Anspruch genommen wurde. Das heißt, das Herausschieben lohnt sich für Versicherte die wissen, dass sie die Rente mindestens 200 Monate lang beziehen werden. Da aber niemand vorhersagen kann, ob er mindestens 83 Jahre alt wird, erscheint ein Hinausschieben der Rentenzahlung zugunsten einer höheren Rente regelmäßig nicht sinnvoll.

Altersrente für langjährig Versicherte

Versicherte haben Anspruch auf eine abschlagsfreie Altersrente für langjährig Versicherte, wenn

- sie das 67. Lebensjahr vollendet haben,
- die Wartezeit von 35 Jahren erfüllt ist und
- der Beruf aufgegeben wird oder nur noch Einkünfte im Rahmen der gesetzlichen Hinzuverdienstmöglichkeiten erzielt werden.

Die Altersrente für langjährig Versicherte kann bereits nach Vollendung des 63. Lebensjahres vorzeitig in Anspruch genommen werden. Die Rente wird dann um bis zu 14,4% gemindert.

Anhebung der Altersgrenzen

Die vorstehenden Altersgrenzen gelten in dieser Form aber erst für Versicherte, die nach dem 31.12.1963 geboren sind. Aufgrund der Verschiebung der Altersgrenzen besteht bei dieser Altersrente eine Reihe von Vertrauensschutzregelungen:

- Bei Versicherten, die vor 1949 geboren sind gilt für die abschlagsfreie Rente weiterhin die bisherige Altersgrenze von 65 Jahren.
- Bei Versicherten, die vor 1955 geboren sind und vor dem 1.1.2007 Altersteilzeitarbeit vereinbart haben gilt ebenfalls weiterhin die bisherige Altersgrenze von 65 Jahren. Bei den Geburtsjahrgängen 1948 bis 1954 wird die Altersgrenze für die vorzeitige Inanspruchnahme sogar stufenweise auf das 62. Lebensjahr abgesenkt. Dies führt dazu, dass erstmalig die im November 1949 Geborenen mit 62 Jahren in Rente gehen können. Der maximale Abschlag beträgt dann 10,8%.
- Bei Versicherten der Geburtsjahrgänge 1949 bis 1963 wird die Altersgrenze von 65 Jahren stufenweise auf das 67. Lebensjahr angehoben. Die Anhebung erfolgt in den gleichen Schritten wie bei der Regelaltersrente.

Tabellarisch sieht dies dann wie folgt aus:

Ohne Vertrauensschutz (keine Altersteilzeitarbeit vor dem 1.1.2007 bzw. nach 1954 geboren)

Geburtsjahr und ggf. Geburtsmonat	Anspruch ohne Abschlag ab Alter		Frühester Anspruch mit Abschlag ab Alter		maximaler Abschlag in %
	Jahr	Monat	Jahr	Monat	
bis 1948	65	0	63	0	7,2
Januar 1949	65	1	63	0	7,5
Februar 1949	65	2	63	0	7,8
März – Dez. 1949	65	3	63	0	8,1
1950	65	4	63	0	8,4
1951	65	5	63	0	8,7
1952	65	6	63	0	9,0
1953	65	7	63	0	9,3
1954	65	8	63	0	9,6
1955	65	9	63	0	9,9
1956	65	10	63	0	10,2
1957	65	11	63	0	10,5
1958	66	0	63	0	10,8
1959	66	2	63	0	11,4
1960	66	4	63	0	12,0
1961	66	6	63	0	12,6
1962	66	8	63	0	13,2
1963	66	10	63	0	13,8
1964 und jünger	67	0	63	0	14,4

Beispiel

Martina Lehmann ist am 12.5.1953 geboren. Nach vorstehender Tabelle erreicht sie die Altersgrenze für eine abschlagsfreie Rente mit Vollendung eines Lebensalters von 65 Jahren und 7 Monaten, also am 11.12.2018. Ab dem 1.1.2019 kann sie also eine abschlagsfreie Rente beanspruchen. Nimmt sie Abschläge in Kauf, kann sie dies ab Vollendung des 63. Lebensjahres tun. Die Rente würde am 1.6.2016 beginnen und wäre dauerhaft um 9,3% gemindert.

Mit Vertrauensschutz (vor 1955 geboren und vor dem 1.1.2007 Altersteilzeitarbeit vereinbart)

Geburtsjahr und ggf. Geburtsmonat	Anspruch ohne Abschlag ab Alter		Frühester Anspruch mit Abschlag ab Alter		maximaler Abschlag in %
	Jahr	Monat	Jahr	Monat	
bis 1947	65	0	63	0	7,2
Januar / Februar 1948	65	0	62	11	7,5
März / April 1948	65	0	62	10	7,8
Mai / Juni 1948	65	0	62	9	8,1
Juli / August 1948	65	0	62	8	8,4
September / Oktober 1948	65	0	62	7	8,7
November / Dezember 1948	65	0	62	6	9,0
Januar / Februar 1949	65	0	62	5	9,3
März / April 1949	65	0	62	4	9,6

Mai / Juni 1949	65	0	62	3	9,9
Juli / August 1949	65	0	62	2	10,2
September / Oktober 1949	65	0	62	1	10,5
November 1949 und jünger	65	0	62	0	10,8

Altersrente für schwerbehinderte Menschen

Versicherte haben einen Anspruch auf eine abschlagsfreie Altersrente für schwerbehinderte Menschen, wenn

- sie das 65. Lebensjahr vollendet haben,
- sie bei Beginn der Altersrente als schwerbehinderte Menschen anerkannt sind,
- die Wartezeit von 35 Jahren erfüllt ist und
- der Beruf aufgegeben wird oder nur noch Einkünfte im Rahmen der gesetzlichen Hinzuverdienstmöglichkeiten erzielt werden.

Die Altersrente für schwerbehinderte Menschen kann vorzeitig bereits nach Vollendung des 62. Lebensjahres in Anspruch genommen werden. Die Rente wird dann bis zu 10,8% gemindert.

Schwerbehinderung als Voraussetzung

Schwerbehinderte erhalten von den Versorgungsämtern auf Antrag einen Ausweis über die Eigenschaft als schwerbehinderter Mensch sowie Art und Umfang ihrer Behinderung. Für einen Rentenanspruch muss ein Grad der Behinderung von mindestens 50% vorliegen.

> Für behinderte Menschen mit einem Grad der Behinderung von mindestens 30% besteht im Arbeitsrecht die Möglichkeit, sich schwerbehinderten Menschen gleichstellen zu lassen. Eine solche Gleichstellung löst jedoch keinen Rentenanspruch aus, da sie nicht auf das Rentenrecht übertragen wird.

Für den Rentenanspruch ist der Tag entscheidend, an dem die Schwerbehinderung eingetreten ist. Der Zeitpunkt der behördlichen Anerkennung ist für den Rentenanspruch nicht relevant. Die Schwerbehinderteneigenschaft muss bei Rentenbeginn – also direkt an diesem Tag – vorliegen.

Beispiel

Rudolf Wegner (60 Jahre) hat die Wartezeit von 35 Jahren erfüllt. Seine Beschäftigung gibt er zum 30.6.2008 auf. Die Schwerbehinderung tritt aber erst am 14.11.2008 ein. Damit kann die Altersrente für schwerbehinderte Menschen erst ab dem 1.12.2008 beginnen.

Die Schwerbehinderung ist keine zwingende Voraussetzung für den weiteren Rentenbezug. Entfällt die Schwerbehinderteneigenschaft irgendwann nach dem Rentenbeginn, hat das für den Rentenbezug keine negativen Folgen.

Besonderheit: Berufs- oder Erwerbsunfähigkeit

Bis zum 31.12.2000 konnte die Altersrente für schwerbehinderte Menschen auch in Anspruch genommen werden, wenn statt einer Schwerbehinderung Berufsunfähigkeit oder Erwerbsunfähigkeit vorlag. Für Versicherte, die vor 1951 geboren sind, gilt dieses Recht im Rahmen einer Bestandsschutzregelung weiter. Ob Berufs- oder Erwerbsunfähigkeit vorliegt, wird nach dem bis zum 31.12.2000 geltenden Recht beurteilt. Danach ist

- berufsunfähig, wer in seinem bisherigen Beruf oder einem Beruf, bei dem eine ähnliche Ausbildung sowie gleichwertige Kenntnisse und Fähigkeiten benötigt werden, aus gesundheitlichen Gründen nur noch weniger als sechs Stunden täglich arbeiten kann,
- erwerbsunfähig, wer infolge von Krankheit oder anderen Gebrechen oder von Schwäche der körperlichen oder geistigen Kräfte eine dauernde regelmäßige Erwerbstätigkeit nicht mehr oder nur noch in geringfügigem Umfang ausüben kann. Hierbei spielt auch die Arbeitsmarktlage eine Rolle, wenn aus gesundheitlichen Gründen nur noch eine Teilzeitarbeit möglich ist. Es liegt auch Erwerbsunfähigkeit vor, wenn ein dem Restleistungsvermögen entsprechender Teilzeitarbeitsplatz nicht angeboten werden kann.

Beispiel

Martin Bauer (59 Jahre alt) kann seinen Beruf als Bankkaufmann aus gesundheitlichen Gründen nur noch maximal 5 Stunden täglich ausüben. Sein Beschäftigungsverhältnis kündigt er, weil es seinem Arbeitgeber aus betriebsorganisatorischen

Gründen nicht möglich ist, ihm einen entsprechenden Teilzeitarbeitsplatz zur Verfügung zu stellen. Aufgrund seines Alters und seiner eingeschränkten Leistungsfähigkeit ist der Arbeitsmarkt für Martin Bauer praktisch verschlossen. D.h. für ihn gibt es keinen Arbeitsplatz, an dem er sein Restleistungsvermögen überhaupt einbringen kann. Es liegt Erwerbsunfähigkeit nach dem bis zum 31.12.2000 geltenden Recht vor.

Wer bis zum 31.12.1950 geboren ist, braucht also für den Anspruch auf Altersrente für schwerbehinderte Menschen nicht zwangsläufig einen Schwerbehindertenausweis. Es reicht aus, wenn Berufs- oder Erwerbsunfähigkeit festgestellt wird. Diese Feststellung trifft der Rentenversicherungsträger.

Anhebung der Altersgrenzen

Die Altersgrenzen von 65 Lebensjahren für den abschlagsfreien und 62 Lebensjahren für den vorzeitigen Rentenanspruch gelten erst für Versicherte, die nach dem 31.12.1963 geboren sind. Aufgrund der Verschiebung der Altersgrenzen besteht auch bei dieser Altersrente eine Reihe von Vertrauensschutzregelungen:

- Versicherte, die vor dem 17.11.1950 geboren sind und am 16.11.2000 schwerbehindert, berufsunfähig oder erwerbsunfähig waren, können die Rente bereits mit 60 Jahren ohne Abschläge in Anspruch nehmen.
- Bei Versicherten, die
  - vor 1952 geboren sind oder
  - in den Jahren 1952 bis 1954 geboren sind, am 1.1.2007 als schwerbehinderte Menschen anerkannt waren und vor dem 1.1.2007 Altersteilzeitarbeit vereinbart haben,

gilt für die abschlagsfreie Rente weiterhin die bisherige Altersgrenze von 63 Jahren. Vorzeitig – also mit Abschlägen – kann diese Rente frühestens mit 60 Jahren in Anspruch genommen werden. Die Rente wird dann um bis zu 10,8% gemindert.

- Bei Versicherten, der Geburtsjahrgänge 1952 bis 1963 werden die Altersgrenzen von 63 / 60 Jahren stufenweise auf das 65. / 62. Lebensjahr angehoben. Die Anhebungen vollziehen sich in den gleichen Schritten wie bei der Regelaltersrente. Bei vorzeitiger Inanspruchnahme wird die Rente ebenfalls bis zu 10,8% gemindert.

Tabellarisch sieht dies dann wie folgt aus:

Ohne Vertrauensschutz (keine Schwerbehinderung am 1.1.2007 bzw. nach 1954 geboren)

Geburtsjahr und ggf. Geburtsmonat	Anspruch ohne Abschlag ab Alter		Frühester Anspruch mit Abschlag ab Alter		maximaler Abschlag in %
	Jahr	Monat	Jahr	Monat	
bis 1951	63	0	60	0	10,8
Januar 1952	63	1	60	1	10,8
Februar 1952	63	2	60	2	10,8
März 1952	63	3	60	3	10,8
April 1952	63	4	60	4	10,8
Mai 1952	63	5	60	5	10,8
1952	63	6	60	6	10,8
1953	63	7	60	7	10,8

Geburtsjahr und ggf. Geburtsmonat	Anspruch ohne Abschlag ab Alter		Frühester Anspruch mit Abschlag ab Alter		maximaler Abschlag in %
	Jahr	Monat	Jahr	Monat	
1954	63	8	60	8	10,8
1955	63	9	60	9	10,8
1956	63	10	60	10	10,8
1957	63	11	60	11	10,8
1958	64	0	61	0	10,8
1959	64	2	61	2	10,8
1960	64	4	61	4	10,8
1961	64	6	61	6	10,8
1962	64	8	61	8	10,8
1963	64	10	61	10	10,8
1964 und jünger	65	0	62	0	10,8

Mit Vertrauensschutz

Sachverhalt für Vertrauensschutz	Anspruch ohne Abschlag ab Alter		Frühester Anspruch mit Abschlag ab Alter		maximaler Abschlag in %
	Jahr	Monat	Jahr	Monat	
vor dem 17.11.1950 geboren und am 16.11.2000 schwerbehindert, berufs- oder erwerbsunfähig	60	0	-	-	0,0

vor 1952 geboren	63	0	60	0	10,8
1952 bis 1954 geboren, am 1.1.2007 schwerbehindert und vor dem 1.1.2007 Altersteilzeitarbeit vereinbart	63	0	60	0	10,8

Altersrente für besonders langjährig Versicherte

Versicherte haben Anspruch auf eine Altersrente für besonders langjährig Versicherte, wenn

- sie das 65. Lebensjahr vollendet haben,
- die Wartezeit von 45 Jahren erfüllt haben und
- der Beruf aufgegeben wird oder nur noch Einkünfte im Rahmen der gesetzlichen Hinzuverdienstmöglichkeiten erzielt werden.

Wer diese Anspruchsvoraussetzungen erfüllt, kann die Rente ohne Rentenabschlag beziehen. Eine Inanspruchnahme der Rente vor 65 ist nicht möglich.

Die Altersrente für besonders langjährig Versicherte wurde im Zusammenhang mit der „Rente mit 67" neu eingeführt. Hintergrund war, dass Versicherte auch künftig mit 65 Jahren abschlagsfrei in Rente gehen können sollen, die ein besonders belastendes Arbeitsleben hinter sich gebracht haben.

Allerdings wird diese Altersrente nur einem sehr eingeschränkten Personenkreis zugänglich sein. Da auf die Wartezeit von 45 Jahren keine Schul- und Studienzeiten angerechnet werden, ist z.B. nahezu jeder Akademiker oder Absolvent einer Fachschulausbildung von dieser neuen Altersrente ausgeschlossen.

Beispiel

Heike Grimm ist Erzieherin. Ihre Ausbildung beendete sie mit 22 Jahren nach einer 4jährigen Fachschulausbildung und einem Jahr Berufspraktikum. Selbst wenn sie diesen Beruf bis zur Rente durchgehend ausübt, wird sie die Altersrente für besonders langjährig Versicherte nicht erreichen können. Bis sie 65 Jahre alt ist, kann sie maximal 43 Jahre mit Pflichtbeitragszeiten aufgrund einer Beschäftigung erreichen.

Auch der Bezug von Arbeitslosengeld / Arbeitslosengeld II wird nicht auf die Wartezeit angerechnet. Wenige Monate der Arbeitslosigkeit können sich also schnell anspruchsvernichtend auswirken.

Altersrente wegen Arbeitslosigkeit oder nach Altersteilzeitarbeit

Versicherte haben einen Anspruch auf eine abschlagsfreie Altersrente wegen Arbeitslosigkeit oder nach Altersteilzeitarbeit, wenn

- sie vor dem 1.1.1952 geboren sind,
- sie das 65. Lebensjahr vollendet haben,
- die Wartezeit von 15 Jahren erfüllt ist,
- sie entweder

  - zum Rentenbeginn arbeitslos sind und nach Vollendung des Lebensalters von 58 Jahren und 6 Monaten insgesamt 52 Wochen arbeitslos waren oder
  - die Arbeitszeit aufgrund von Altersteilzeitarbeit für mindestens 24 Kalendermonate vermindert haben,
- in den letzten 10 Jahren für mindestens acht Jahre Pflichtbeiträge gezahlt haben und
- nur noch Einkünfte im Rahmen der gesetzlichen Hinzuverdienstmöglichkeiten erzielt werden.

> Bei der Altersrente wegen Arbeitslosigkeit oder nach Altersteilzeitarbeit handelt es sich um eine auslaufende Rentenart. Sie kann nur noch von Versicherten in Anspruch genommen werden, die vor dem 1.1.1952 geboren sind.

Aus diesem Grunde werden die für diese Rentenart geltenden Altersgrenzen im Zusammenhang mit der „Rente mit 67" nicht verändert. Die Altersgrenze für den abschlagsfreien Rentenbeginn liegt auch künftig beim 65. Lebensjahr. Mit Abschlägen kann die Rente spätestens mit 63 Jahren in Anspruch genommen werden. Hierbei sind Abschläge bis zu 18% möglich.

Voraussetzung: Arbeitslosigkeit

Wann Arbeitslosigkeit vorliegt, richtet sich nach den Grundsätzen der Arbeitslosenversicherung. Danach ist arbeitslos, wer

- nicht in einem Beschäftigungsverhältnis steht,
- sich bemüht, seine Beschäftigungslosigkeit zu beenden und
- den Vermittlungsbemühungen der Agentur für Arbeit zur Verfügung steht.

Eine Beschäftigung von weniger als 15 Stunden in der Woche steht der Arbeitslosigkeit nicht entgegen. Für den Rentenanspruch ist auch die Ausübung eines 1-Euro-Jobs mit mehr als 15 Wochenstunden unschädlich, auch wenn hier keine Arbeitslosigkeit im Sinne der Arbeitslosenversicherung mehr vorliegt.

Für den Anspruch auf die Altersrente wegen Arbeitslosigkeit ist eine Meldung bei der Arbeitsagentur nicht zwingend erforderlich. Es muss aber eine so genannte objektive und subjektive Arbeitslosigkeit bestehen. Der Arbeitslose muss also bereit und in der Lage sein, jede zumutbare Beschäftigung anzunehmen und auszuüben. Bei fehlender Meldung bei der Arbeitsagentur stellen die Rentenversicherungsträger strenge Anforderungen an den Nachweis der Arbeitslosigkeit. Es muss vor allem eine lückenlose und ernsthafte Arbeitsbereitschaft nachgewiesen werden.

Beispiel

Der beschäftigungslose Lagerarbeiter Walter Farn möchte gerne in einem Supermarkt als Marktleiter arbeiten. Über einen Zeitraum von 6 Monaten bewirbt er sich bei 5 verschiedenen Stellen. Leider erhält er nur Absagen. In einem solchen Fall liegt keine subjektive Arbeitslosigkeit vor. Es fehlt an der ernsthaften Arbeitsbereitschaft. 5 Bewerbungen in 6 Monaten zeigen kein ständiges Bemühen. Außerdem beziehen sich die Bewerbungen nicht auf eine Beschäftigung, die Walter Farn nach seinen Kenntnissen und Fähigkeiten auch tatsächlich ausüben könnte.

Der beschäftigungslose Malermeister Franz Held versucht es mit Bewerbungen bei diversen Wohnungsbauunternehmen. Dort würde er gerne als Wohnungsbesichtiger tätig werden. Auf seine 18 Bewerbungen in 5 Monaten erhält er leider auch nur Absagen. Er zeigt ein ständiges Bemühen um eine Beschäftigung, die er nach seinen Kenntnissen und Fähigkeiten auch tatsächlich ausüben könnte und ist damit subjektiv arbeitslos.

Die Arbeitslosigkeit von 52 Wochen (= 364 Tage) kann irgendwann nach einem Lebensalter von 58 Jahren und 6 Monaten liegen. Für den Rentenanspruch muss sie aber auf jeden Fall bei Beginn der Rente – also am Tag des Rentenbeginns – vorliegen.

Voraussetzung: Altersteilzeitarbeit

Voraussetzung für diese Rente ist, dass die Arbeitszeit aufgrund von Altersteilzeitarbeit für mindestens 24 Kalendermonate vermindert wurde. Das bedeutet, dass die Arbeitszeit aufgrund einer Vereinbarung mit dem Arbeitgeber auf die Hälfte der bisherigen Arbeitszeit reduziert worden ist. Die Beschäftigung muss jedoch weiterhin arbeitslosenversicherungspflichtig sein. Über die Reduzierung der Arbeitszeit hinaus ist erforderlich, dass nach dem Altersteilzeitgesetz ein Aufstockungsbetrag zum Arbeitsverdienst sowie ein hierauf entfallender zusätzlicher Beitrag zur Rentenversicherung gezahlt werden.

Anhebung der Altersgrenzen

Für den abschlagsfreien Rentenanspruch gilt weiterhin eine Altersgrenze von 65 Jahren. Bis zum 31.12.2005 konnte die Rente nach Vollendung des 60. Lebensjahres vorzeitig in Anspruch genommen werden. Die Rente wurde dann um bis zu 18,0% gemindert.

Seit dem 1.1.2006 wird die Altersgrenze für die vorzeitige Inanspruchnahme von 60 Jahren stufenweise auf 63 Jahre angehoben. Hiervon sind alle Versicherten betroffen, die nach 1945 geboren sind. Die Anhebung erfolgt in Monatsschritten, das heißt, wer im Januar 1946 geboren ist, kann frühestens mit 60 Jahren und einem Monat in Rente gehen, wer im Februar 1946 geboren ist mit 60 Jahren und 2 Monaten usw. Für die Geburtsjahrgänge 1949 bis 1951 gilt dann die Altersgrenze von 63 Jahren für die vorzeitige Inanspruchnahme. Bei der Anhebung dieser Altersgrenze gibt es weitreichende Vertrauensschutzregelungen. Tabellarisch sieht das für die zurzeit noch von der Anhebung betroffenen Jahrgänge wie folgt aus:

Geburtsjahr und ggf. Geburtsmonat	Anspruch ohne Abschlag ab Alter		Frühester Anspruch mit Abschlag ab Alter		maximaler Abschlag in %
	Jahr	Monat	Jahr	Monat	
Oktober 1946	65	0	60	10	15,0
Nov. 1946	65	0	60	11	14,7
Dez. 1946	65	0	61	0	14,4
Januar 1947	65	0	61	1	14,1

Februar 1947	65	0	61	2	13,8
März 1947	65	0	61	3	13,5
April 1947	65	0	61	4	13,2
Mai 1947	65	0	61	5	12,9
Juni 1947	65	0	61	6	12,6
Juli 1947	65	0	61	7	12,3
August 1947	65	0	61	8	12,0
Sept. 1947	65	0	61	9	11,7
Oktober 1947	65	0	61	10	11,4
Nov. 1947	65	0	61	11	11,1
Dez. 1947	65	0	62	0	10,8
Januar 1948	65	0	62	1	10,5
Februar 1948	65	0	62	2	10,2
März 1948	65	0	62	3	9,9
April 1948	65	0	62	4	9,6
Mai 1948	65	0	62	5	9,3
Juni 1948	65	0	62	6	9,0
Juli 1948	65	0	62	7	8,7
August 1948	65	0	62	8	8,4
Sept. 1948	65	0	62	9	8,1

Geburtsjahr und ggf. Geburtsmonat	Anspruch ohne Abschlag ab Alter		Frühester Anspruch mit Abschlag ab Alter		maximaler Abschlag in %
	Jahr	Monat	Jahr	Monat	
Oktober 1948	65	0	62	10	7,8
Nov. 1948	65	0	62	11	7,5
Dez. 1948 bis Dez. 1951	65	0	63	0	7,2

In den Vertrauensschutz werden alle Versicherten einbezogen, die überhaupt noch einen Anspruch auf diese auslaufende Rentenart erwerben können (also bis einschließlich Jahrgang 1951). Für sie gilt weiterhin die Altersgrenze von 60 Jahren für die vorzeitige Inanspruchnahme wenn

- sie am 1.1.2004 arbeitslos waren,
- ihr Arbeitsverhältnis aufgrund einer vor dem 1.1.2004 erfolgten Kündigung oder Vereinbarung nach dem 31.12.2003 beendet worden ist,
- ihr letztes Arbeitsverhältnis vor dem 1.1.2004 beendet worden ist und sie am 1.1.2004 beschäftigungslos im Sinne der Arbeitsförderung waren oder
- sie vor dem 1.1.2004 Altersteilzeitarbeit im Sinne des Altersteilzeitgesetzes vereinbart haben.

Einer vor dem 1.1.2004 abgeschlossenen Vereinbarung über die Beendigung des Arbeitsverhältnisses steht eine vor diesem Tag vereinbarte Befristung des Arbeitsverhältnisses oder Bewilligung einer befristeten arbeitsmarktpolitischen Maßnahme gleich.

Altersrente für Frauen

Weibliche Versicherte haben einen Anspruch auf eine abschlagsfreie Altersrente für Frauen wenn

- sie vor dem 1.1.1952 geboren sind,
- sie das 65. Lebensjahr vollendet haben,
- die Wartezeit von 15 Jahren erfüllt ist,
- sie ab dem 40. Geburtstag für mehr als 10 Jahre – also mindestens 121 Monate – Pflichtbeiträge für eine versicherte Beschäftigung oder Tätigkeit gezahlt haben und
- nur noch Einkünfte im Rahmen der gesetzlichen Hinzuverdienstmöglichkeiten erzielt werden.

Die vorzeitige Inanspruchnahme ist mit der Vollendung des 60. Lebensjahres möglich. Der maximale Abschlag beträgt dann 18,0%.

> Bei der Altersrente für Frauen handelt es sich ebenfalls um eine auslaufende Rentenart. Sie kann vor nur von Versicherten in Anspruch genommen werden, die vor dem 1.1.1952 geboren sind.

Die Altersgrenze von 65 Jahren für den abschlagsfreien Rentenbeginn gilt erst für Frauen, die ab 1945 geboren sind. Frauen die vor 1945 geboren wurden können die Rente bereits zu einem früheren Zeitpunkt in Anspruch nehmen. Für sie gilt noch eine Übergangsphase, mit der die Altersgrenze seit dem 1.1.2000 stufenweise vom 60. auf das 65. Lebensjahr angehoben wird. Tabellarisch sieht das für die zurzeit noch von der Anhebung betroffenen Jahrgänge wie folgt aus:

Geburtsjahr und ggf. Geburtsmonat	Anspruch ohne Abschlag ab Alter		Frühester Anspruch mit Abschlag ab Alter		maximaler Abschlag in %
	Jahr	Monat	Jahr	Monat	
Oktober 1943	63	10	60	0	13,8
Nov. 1943	63	11	60	0	14,1
Dez. 1943	64	0	60	0	14,4
Januar 1944	64	1	60	0	14,7
Februar 1944	64	2	60	0	15,0
März 1944	64	3	60	0	15,3
April 1944	64	4	60	0	15,6
Mai 1944	64	5	60	0	15,9
Juni 1944	64	6	60	0	16,2
Juli 1944	64	7	60	0	16,5
August 1944	64	8	60	0	16,8
Sept. 1944	64	9	60	0	17,1
Oktober 1944	64	10	60	0	17,4
Nov. 1944	64	11	60	0	17,7
Dez. 1944 bis Dez. 1954	65	0	60	0	18,0

Renten wegen Erwerbsminderung

Auch wenn der Schwerpunkt dieses TaschenGuides bei den Altersrenten liegt, komme ich bei dem Thema „Eher in Rente" natürlich nicht an den Renten wegen Erwerbsminderung vorbei. Im allgemeinen Sprachgebrauch werden diese Renten ja schließlich „Frührenten" genannt. Schon der Begriff sagt aus, dass man diese Renten wohl zeitlich „eher" bekommen kann als „normale" Altersrenten.

Versicherte haben bis zur Vollendung der Regelaltersgrenze einen Anspruch auf eine Rente wegen Erwerbsminderung, wenn sie

- erwerbsgemindert sind,
- in den letzten fünf Jahren vor Eintritt der Erwerbsminderung Pflichtbeiträge für eine versicherte Beschäftigung oder Tätigkeit gezahlt haben und
- vor Eintritt der Erwerbsminderung die allgemeine Wartezeit erfüllt haben.

> Erwerbsminderung im Sinne der Rentenversicherung liegt vor, wenn die Leistungsfähigkeit aus gesundheitlichen Gründen eingeschränkt ist. Hierbei wird zwischen einer teilweisen und einer vollen Erwerbsminderung unterschieden.

Die Einstufung, ob teilweise oder volle Erwerbsminderung vorliegt, hat entscheidende Auswirkungen auf die Höhe der Rente. Bei voller Erwerbsminderung kann aufgrund des Gesundheitszustands regelmäßig keine Erwerbstätigkeit mehr ausgeübt werden. Die Rente hat demzufolge die Aufgabe, den Lebensunterhalt des Versicherten auf Dauer zu sichern. Sie ist in der Höhe mit einer Rente wegen Alters vergleichbar.

Die Rente wegen teilweiser Erwerbsminderung ist dagegen darauf ausgerichtet, dass der Versicherte mit dem verbliebenen Restleistungsvermögen noch eine Erwerbstätigkeit ausübt. Sie ist also nur als Ausgleich für den Minderverdienst durch eine Teilzeitbeschäftigung oder eine niedriger entlohnte Tätigkeit gedacht. Die Rente wegen teilweiser Erwerbsminderung beträgt daher nur die Hälfte einer Rente wegen voller Erwerbsminderung.

Eine Schwerbehinderung bedeutet nicht automatisch, dass auch eine Erwerbsminderung vorliegt. Es kommt vielmehr darauf an, dass die Leistungsfähigkeit durch die Schwerbehinderung auch eingeschränkt ist.

Beispiel

Lars Poschner ist Taxifahrer. Er ist schwerbehindert, weil er bei einem Unfall sein linkes Bein verloren hat. Dennoch ist seine Leistungsfähigkeit nicht eingeschränkt. Sein Taxi mit Automatik-Getriebe kann er den ganzen Tag lang fahren.

Teilweise Erwerbsminderung

Teilweise erwerbsgemindert ist, wer wegen Krankheit oder Behinderung auf nicht absehbare Zeit im Rahmen einer 5-Tage-Woche zwar mindestens drei Stunden, jedoch nicht mehr als sechs Stunden täglich unter den üblichen Bedingungen des allgemeinen Arbeitsmarkts erwerbstätig sein kann. Für Versicherte, die vor dem 2.1.1961 geboren sind, gilt eine Besonderheit. Sie sind auch dann teilweise erwerbsgemindert, wenn sie berufsunfähig sind.

Volle Erwerbsminderung

Voll erwerbsgemindert ist, wer wegen Krankheit oder Behinderung auf nicht absehbare Zeit außer Stande ist, in seiner letzten Tätigkeit oder unter den üblichen Bedingungen des allgemeinen Arbeitsmarkts mindestens drei Stunden täglich erwerbstätig zu sein.

Der Faktor Arbeitsmarkt

Ob eine teilweise oder volle Erwerbsminderung vorliegt hängt auch davon ab, ob der Betroffene mit seiner gesundheitlichen Beeinträchtigung überhaupt noch eine Chance auf dem Arbeitsmarkt hat. Liegt neben einer teilweisen Erwerbsminderung auch noch Arbeitslosigkeit vor, ist der in Betracht zu ziehende Teilzeitarbeitsmarkt praktisch verschlossen. Es ist dem Versicherten nicht möglich, das reduzierte Leistungsvermögen in eine Erwerbstätigkeit umzusetzen. Somit schlägt die teilweise Erwerbsminderung zu einem Anspruch auf Rente wegen voller Erwerbsminderung durch.

Beispiel

Der arbeitslose Maler Norbert Heidemann kann aufgrund eines Wirbelsäulenleidens nur noch längstens 5 Stunden am Tag arbeiten. Vom Wortlaut des Gesetzes her ist er teilweise erwerbsgemindert. Er lebt in Mecklenburg-Vorpommern in einer Region mit einer Arbeitslosenquote von über 20%. Wenn dort schon jeder 5. Gesunde arbeitslos ist, wie soll dann Herr Heidemann mit seiner eingeschränkten Leistungsfähigkeit einen neuen Job zu finden? Der Arbeitsmarkt ist für ihn verschlossen. Die teilweise Erwerbsminderung wird daher zu einer vollen Erwerbsminderung.

Alles nur befristet

Renten wegen verminderter Erwerbsfähigkeit werden in der Regel nur auf Zeit bewilligt. Sie sind auf längstens drei Jahre nach Rentenbeginn befristet. Der Anspruch kann auf Antrag verlängert werden. Hierbei prüft der Rentenversicherungsträger aber, ob die Erwerbsminderung immer noch besteht. Hat sich der Gesundheitszustand verbessert, kann es sein, dass anstatt einer Rente wegen voller Erwerbsminderung nur noch eine teilweise Erwerbsminderungsrente gezahlt wird. Eventuell wird auch gar keine Erwerbsminderung mehr festgestellt, so dass die Verlängerung abgelehnt wird.

Unbefristet werden Erwerbsminderungsrenten nur dann bewilligt, wenn eine Besserung des Gesundheitszustandes unwahrscheinlich ist. Davon ist spätestens dann auszugehen, wenn die Rente aus medizinischen Gründen (nicht aus Arbeitsmarktgründen) einschließlich der Verlängerungen länger als neun Jahre zu zahlen wäre.

Wie hoch wird meine Rente?

Eher in Rente zu gehen hängt in erster Linie davon ab, ob Sie sich das leisten können. Also ist es an der Zeit für einen Kassensturz.

In diesem Kapitel lesen Sie

- wie Renten berechnet werden (S. 62 ff.),
- welche Schlüsse Sie aus der Renteninformation und der Rentenauskunft ziehen können (S. 79 ff.),
- in welchem Umfang sich Ihre Rente durch künftige Beiträge erhöht (S. 77 ff.),
- wie Sie Rentenminderungen durch Beiträge ausgleichen können (S. 89 ff.),
- was Sie zur Rente hinzu verdienen dürfen (S. 95 ff.) und
- wie Renten besteuert werden (S. 104 f.).

Rentenberechnung – Buch mit sieben Siegeln

Es ist einfacher Rentenauskünfte und Rentenbescheide zu verstehen, wenn einem die Grundzüge der Rentenberechnung bekannt sind. Außerdem benötigen Sie dieses Grundwissen für das nächste Kapitel, in dem Sie erfahren, wie Sie die Höhe Ihrer Rente mit künftigen Zeiten hochrechnen können. Aber keine Sorge. Ich möchte mich auf das Notwendigste beschränken.

Ihre Beitragszeiten im Verhältnis zu den Beitragszeiten Anderer

Bei der Rentenberechnung werden alle rentenrechtlichen Zeiten vom Eintritt in das Versicherungsleben bis zum Leistungsfall (das Ereignis, das den Rentenanspruch auslöst) berücksichtigt. Die Höhe einer Rente richtet sich vor allem danach, wie viel Sie in Ihrem Arbeitsleben verdient bzw. in welcher Höhe Sie Jahr für Jahr Beiträge in die Rentenkasse eingezahlt haben.

Der versicherte Verdienst eines Kalenderjahres wird ins Verhältnis zum Durchschnittsentgelt aller Versicherten gesetzt. Die hieraus entstehenden Verhältniswerte nennt man Entgeltpunkte. Wer genauso viel verdient wie der Durchschnitt, bekommt dafür 1 Entgeltpunkt. Wer nur die Hälfte verdient hat, bekommt dafür 0,5 Entgeltpunkte, wer das 1 ½-fache verdient hat, 1,5 Entgeltpunkte.

Beispiel

Die abhängig beschäftigte Renate Kunze verdient im Jahr 2007 34.167 EUR. Dieser Betrag wird durch das Durchschnittsentgelt 2007 (29.488 EUR) geteilt. Folglich erhält sie 1,1587 Entgeltpunkte (werden immer auf 4 Nachkommastellen gerundet).

Einige Beitragszeiten werden besonders bewertet. Hierzu gehören insbesondere Zeiten der Berufsausbildung, des Wehr- und Zivildienstes und der Kindererziehung.

Beispiel

Renate Kunze erhält für die ersten 3 Jahre der Erziehung ihrer Tochter so genannte Kinderziehungszeiten. Mit diesen Zeiten wird sie so gestellt, als hätte sie 36 Monate das Durchschnittsentgelt verdient. Sie bekommt pro Monat 0,0833 Entgeltpunkte, insgesamt also 2,9988 Entgeltpunkte. Wenn Renate Kunze während der Kindererziehungszeit noch eine Beschäftigung ausgeübt hat, werden die Entgeltpunkte für die Beschäftigung und die Kindererziehungszeit zusammengerechnet und ggf. auf einen Höchstwert begrenzt.

Die für jedes einzelne Jahr ermittelten Entgeltpunkte werden zusammengerechnet.

Durchschnittswert für beitragsfreie Zeiten

Neben den Beitragszeiten werden auch den beitragsfreien Zeiten Entgeltpunkte zugeordnet. Hierzu wird ein Durchschnittswert – der so genannte Gesamtleistungswert – aus den Entgeltpunkten für Beitragszeiten ermittelt, die in dem belegungsfähigen Gesamtzeitraum erzielt werden. Dieser Zeitraum umfasst die Zeit, in der Beiträge gezahlt werden konnten. Er beginnt mit dem ersten entrichteten Beitrag, spätestens mit dem 17. Geburtstag. Er endet mit dem Ablauf des Monats, in dem der Leistungsfall eingetreten ist. Von diesem Zeitraum werden die beitragsfreien Zeiten abgezogen, da ja genau diese Zeiten den Durchschnittswert erhalten sollen.

Beispiel

Renate Kunze ist am 16.11.1949 geboren und möchte ab 1.12.2009 in Rente gehen. Der belegungsfähige Zeitraum geht bei ihr vom 16.11.1966 bis zum 30.11.2009 und beträgt 517 Monate (der angebrochene Monat 11/1964 zählt als ganzer Monat). Davon entfallen 447 Monate auf Beitragszeiten und 51 Monate auf beitragsfreie Zeiten. 19 Monate hat sie nicht belegt. Aufgrund von Beitragszeiten in den alten Bundesländern hat sie 45 Entgeltpunkte erzielt.
Der belegungsfähige Zeitraum umfasst 517 – 51 = 466 Monate. Der Gesamtleistungswert beträgt 45 / 466 = 0,0966 Entgeltpunkte.

Ggf. wird der Gesamtleistungswert durch eine Vergleichsberechnung geringfügig erhöht. Anschließend werden Ersatzzeiten und einige Anrechnungszeiten (z.B. Zeiten der Schwangerschaft/des Mutterschutzes) sowie die Zurechnungszeit bei Erwerbsminderungsrenten mit dem Gesamtleistungswert bewertet. Bei anderen Anrechnungszeiten (z.B. Fachschulausbildung bis zu drei Jahren) wird der Gesamtleistungswert begrenzt. Viele Anrechnungszeiten (z.B. Schul- oder Fachschulausbildung) werden für künftige Rentner nicht mehr bewertet.

Beispiel

Bei der Rentenberechnung von Renate Kunze ergab die Gesamtleistungsbewertung einen Wert von 0,0966. Sie hat folgende Anrechnungszeiten zurückgelegt: 3 Monate Schwangerschaft/Mutterschutz, 12 Monate Schulausbildung und 36 Monate Fachschulausbildung.

Für die Schwangerschaft erhält sie den vollen Gesamtleistungswert, also 3 x 0,0966 = 0,2898 Entgeltpunkte.

Für die Fachschule wird der Gesamtleistungswert auf 75% und maximal 0,0625 begrenzt. Es werden 0,0966 x 75% = 0,0725, begrenzt auf 0,0625 Entgeltpunkte berücksichtigt. Die Fachschule wird also mit 36 x 0,0625 =2,2500 Entgeltpunkten bewertet.

Die 12 Monate Schulausbildung werden nicht bewertet.

Monate, in denen Beitragszeiten mit beitragsfreien Zeiten zusammentreffen (so genannte „beitragsgeminderte Zeiten") werden nicht als Anrechnungszeit bewertet, da für sie schon Entgeltpunkte für Beitragszeiten ermittelt wurden. Die beitragsgeminderten Zeiten erhalten aber einen Zuschlag an Entgeltpunkten, wenn sie als Anrechnungszeit mehr Entgeltpunkte bekämen als als Beitragszeit.

Zu- und Abschläge an Entgeltpunkten

Neben den Entgeltpunkten für Beitragszeiten, beitragsfreie Zeiten und beitragsgeminderte Zeiten gibt es Zuschläge an Entgeltpunkten z.B. für einen nach dem 1.4.1999 ausgeübten Mini-Job oder wenn Beiträge zum Ausgleich einer Rentenminderung gezahlt wurden. Abschläge können sich z.B. ergeben, wenn im Rahmen eines Versorgungsausgleiches Rentenanwartschaften an den früheren Ehegatten übertragen wurden.

Beispiel

Der Arbeitgeber hat zum Ausgleich einer Rentenminderung 30.000 EUR in das Rentenkonto von Renate Kunze eingezahlt. Der Rentenversicherungsträger hat hieraus 5,1124 Entgeltpunkte errechnet (wie das geht, lesen Sie im übernächsten Kapitel).

Die Rentenformel

Der Monatsbetrag der Rente errechnet sich nach der Formel

Persönliche Entgeltpunkte x Rentenartfaktor x Aktueller Rentenwert = Monatliche Rente

Persönliche Entgeltpunkte

Die persönlichen Entgeltpunkte werden ermittelt, indem die Summe aller Entgeltpunkte mit dem so genannten Zugangsfaktor vervielfältigt wird. Den Zugangsfaktor könnte man auch den „Eher-in-Rente-Faktor" nennen, da er die Abschläge bei vorzeitiger Inanspruchnahme steuert. Der Zugangsfaktor beträgt 1 – (0,3% x Anzahl der Monate, den die Rente vorzeitig in Anspruch genommen wird).

Beispiel

Renate Kunze könnte ihre Altersrente ohne Abschläge erst zum 1.12.2014 beanspruchen. Der von ihr bestimmte Rentenbeginn 1.12.2009 ist 60 Monate vorzeitig. Die Rente wird um 18% gemindert. Der Zugangsfaktor beträgt 1 – 18% = 0,82.

Rentenartfaktor

Der Rentenartfaktor beeinflusst das Sicherungsziel der Rente. Soll die Rente das in der gesetzlichen Rentenversicherung versicherte Risiko voll absichern (z.B. bei einer Altersrente), beträgt der Rentenartfaktor 1,0. Soll das Risiko nur teilweise abgesichert sein, ist er niedriger als 1,0. Bei einer teilweisen Erwerbsminderung soll ja z.B. noch weiter gearbeitet werden, so dass hier der Rentenartfaktor nur 0,5 beträgt.

Der Rentenartfaktor beträgt bei den in diesem TaschenGuide schwerpunktmäßig behandelten Altersrenten und auch bei vollen Erwerbsminderungsrenten immer 1,0. Ich lasse ihn bei Berechnungen aus Gründen der Übersichtlichkeit einfach weg.

Aktueller Rentenwert

Der aktuelle Rentenwert entspricht dem Betrag einer Altersrente ohne Abschläge für ein Beitragsjahr mit durchschnittlichem Arbeitsverdienst. Er wird jeweils zum 1.7. eines Jahres im Rahmen der Rentenanpassung durch Rechtsverordnung neu festgesetzt. Bis zum 30.6.2008 beträgt der aktuelle Rentenwert 26,27 EUR für Rentenanwartschaften, die in den alten Bundesländern erworben wurden. Für Rentenanwartschaften, die in den neuen Bundesländern erworben wurden, gilt bis zum 30.6.2008 ein aktueller Rentenwert (Ost) von 23,09 EUR.

Beispiel

Renate Kunze hat in den vorausgegangenen Beispielen folgende Entgeltpunkte erhalten:

Entgeltpunkte für Beitragszeiten:	45,0000
Entgeltpunkte aus beitragsfreien Zeiten:	2,5398
Zuschlag für Ausgleichszahlung:	5,1124
Entgeltpunkte gesamt:	52,6522

Die Summe der Entgeltpunkte wird mit dem Zugangsfaktor vervielfältigt. Es ergeben sich 52,6522 x 0,82 = 43,1748 persönliche Entgeltpunkte. Vervielfältigt mit dem aktuellen Rentenwert (26,27) ergibt sich eine monatliche Rente von 1.134,20 EUR.

Die Nettorente

Die aus der Rentenformel errechnete Monatsrente ist meistens noch nicht der Betrag, der tatsächlich gezahlt wird. So genannte Nichtleistungsvorschriften können sich rentenmindernd auswirken. Dies ist z.B. der Fall, wenn neben der Rente hinzuverdient wird oder die Rente mit einer Rente aus der gesetzlichen Unfallversicherung zusammentrifft.

Der Bezug einer Rente aus der gesetzlichen Rentenversicherung führt unter bestimmten Voraussetzungen zur Versicherungspflicht in der Kranken- und Pflegeversicherung der Rentner (KVdR). Die Pflichtbeiträge zur Krankenversicherung werden nach dem individuellen Beitragssatz der Krankenkasse berechnet und zur Hälfte vom Rentner und vom Rentenversicherungsträger getragen. Den zusätzlichen Krankenversicherungsbeitrag (0,9%) und den Beitrag zur Pflegeversicherung (1,7%) trägt der Rentner alleine. Die Beiträge werden von der Rente einbehalten und direkt an die Krankenkasse abgeführt.

Beispiel

Renate Kunzes Nettorente berechnet sich wie folgt:

Bruttorente:1.134,20 EUR	
./.halber Beitrag zur Krankenversicherung (angen. 7%)	79,39 EUR
./. zusätzlicher Beitrag	10,21 EUR
./. Beitrag zur Pflegeversicherung	19,28 EUR
Nettorente:	1.025,32 EUR

Sind die Voraussetzungen für eine Pflichtversicherung in der KVdR nicht erfüllt, wird ein Beitragszuschuss zu den Aufwendungen für eine freiwillige oder private Krankenversicherung gezahlt. Ein Zuschuss zu Beiträgen zur Pflegeversicherung wird nicht gewährt.

Das steht Ihnen bereits jetzt zu

Sie sind schon jahrelang in der Rentenversicherung versichert. Monat für Monat werden von Ihrem Gehalt oder Ihren Sozialleistungen Rentenversicherungsbeiträge einbehalten. Vielleicht befinden Sie sich auch gerade in der Elternzeit oder zahlen wegen freiwilliger Versicherung oder einer selbstständigen Tätigkeit Beiträge in die Rentenkasse ein. Und was bekommen Sie dafür? Darüber sollten Sie stets Bescheid wissen.

Ihr Rentenversicherungsträger versorgt Sie mit Informationen über die Rentenansprüche, die Sie bereits erworben haben. Dies tut er in regelmäßigen Abständen mithilfe von

- jährlichen Renteninformationen und
- Rentenauskünften.

Die Renteninformation erhalten Sie ab Ihrem 27. Geburtstag jährlich, sofern Sie zu diesem Zeitpunkt schon mindestens fünf Beitragsjahre auf Ihrem Rentenkonto haben. Ab dem 54. Geburtstag wird Ihnen alle drei Jahre statt einer Renteninformation eine Rentenauskunft erteilt.

Aussagekraft der Renteninformation

Bei der Renteninformation handelt es sich um eine Art Kontoauszug über die bisher erworbenen Rentenansprüche. Sie bietet einen Überblick über persönliche Ansprüche und zu erwartende Leistungen.

Die Renteninformation enthält u.a die folgenden für Sie wichtigen Informationen:

- die aktuelle Höhe einer vollen Erwerbsminderungsrente,
- den aktuellen Stand einer monatlichen Altersrente,
- die Höhe einer bis zur Vollendung der Regelaltersgrenze hochgerechneten Regelaltersrente,
- Informationen darüber, wie sich künftige Rentenanpassungen auf die Rente auswirken könnten und
- eine Darstellung der von Ihnen zurückgelegten Versicherungszeiten.

> Die Renteninformation wird immer auf der Grundlage des geltenden Rechts und der im Versicherungskonto gespeicherten Zeiten erstellt. Sie steht damit unter dem Vorbehalt künftiger Rechtsänderungen und der Richtigkeit und Vollständigkeit des Versicherungskontos.

Höhe einer vollen Erwerbsminderungsrente

Hier wird dargestellt, wie hoch Ihre monatliche Rente wäre, wenn Sie heute wegen gesundheitlicher Einschränkungen nicht mehr arbeiten könnten. Der ausgewiesene Rentenbetrag setzt sich neben den Anwartschaften aus den bisher tatsächlich zurückgelegten Zeiten auch aus einer Zurechnungszeit zusammen, die einen Erwerbsminderungsrentner so stellen soll, als hätte er bis zur Vollendung seines 60. Lebensjahres gearbeitet. Der für die Zurechnungszeit zugeordnete

Geldwert wird in einer Art Durchschnittsberechnung aus den bisher erworbenen Anwartschaften ermittelt.

Beispiel

Jens Fischer (30 Jahre) kommt bisher auf 13 Berufsjahre. Würde eine volle Erwerbsminderungsrente nur auf der Grundlage dieser 13 Jahre berechnet werden, läge sie vermutlich weit unter dem Grundsicherungsniveau. Durch die Zurechnungszeit werden 30 weitere Jahre bei der Rentenberechnung mit einem Geldwert versehen, so dass sich eine ausreichend hohe Rente ergäbe.

Die in der Renteninformation errechnete volle Erwerbsminderungsrente soll Ihnen zeigen, wie hoch die finanzielle Absicherung bei einer gesundheitsbedingten Frühverrentung in der gesetzlichen Rentenversicherung wäre. Basierend auf diesem Betrag können Sie weitere Dispositionen im Bereich der privaten Vorsorge (z.B. in Form einer privaten Berufsunfähigkeits[-zusatz-]rente) treffen.

Aktueller Stand einer monatlichen Altersrente

Aus den bislang erworbenen Rentenanwartschaften wird in der Renteninformation der heutige Stand einer monatlichen Altersrente errechnet. Diesen Betrag erhielten Sie bei Erreichen der Regelaltersgrenze, wenn Sie ab sofort keine weiteren Rentenversicherungsbeiträge mehr einzahlten.

Dieser Wert ist eigentlich der wichtigste der ganzen Renteninformation. Es handelt sich hierbei quasi um Ihre unverfallbaren Rentenanwartschaften. Diese haben Sie bereits erwirtschaftet. Auch bei künftigen Gesetzesänderungen dürften sie sich nicht wesentlich verändern.

Hochgerechnete Regelaltersrente

Je jünger Sie sind, desto weniger ist es möglich konkret festzustellen, wie hoch Ihre Regelaltersrente später einmal sein wird. Das liegt schon allein daran, dass die für eine Rentenberechnung notwendigen, in der Zukunft liegenden Bezugsgrößen (z.B. durchschnittliche Bruttoarbeitsentgelte, aktueller Rentenwert) nicht bekannt sind. Es handelt sich hierbei um Werte, die jährlich durch Rechtsverordnung festgesetzt werden. Auch die Arbeitsverdienste, die Sie in Zukunft noch erzielen werden, sind bei Erstellung der Renteninformation natürlich noch nicht bekannt.

Mit der Renteninformation gibt Ihr Rentenversicherungsträger dennoch eine Prognose ab. Die fiktive Hochrechnung der Regelaltersrente wird auf der Grundlage Ihres durchschnittlichen Verdienstes in den letzten fünf Jahren durchgeführt.

Beispiel

Renate Weber (Jahrgang 1966) erhält am 17.4.2008 eine Renteninformation. Die hochgerechnete Regelaltersrente beträgt 1.400 EUR. Sie hat in den Jahren 2003 bis 2007 durchschnittlich 40.000 EUR verdient. Der Hochrechnung liegt also die Annahme zugrunde, dass Renate Weber von 2008 bis 2033 ebenfalls jährlich 40.000 EUR verdienen wird. Hieraus ergibt sich eine fiktive monatliche Rentensteigerung von rund 35 EUR je Jahr, insgesamt also 875 EUR.

Durch die Hochrechnung soll Ihnen möglichst realistisch aufgezeigt werden, mit welchem Rentenbetrag Sie bei einer weiteren kontinuierlichen Beitragszahlung rechnen können.

Die fiktiv errechnete Rente können Sie in Ihre individuelle Altersvorsorgeplanung einbeziehen, sofern Sie davon ausgehen können, dass Sie bis zum Erreichen der Regelaltersgrenze auch wirklich so kontinuierlich Beiträge zahlen werden.

Doch Vorsicht: Wenn Sie vor Erreichen der Regelaltersgrenze in Rente gehen, werden sich auch entsprechend weniger Beiträge für künftige Zeiten ergeben. Außerdem wäre ggf. auch der Abschlag wegen der vorzeitigen Inanspruchnahme zu berücksichtigen. Der fiktiv hochgerechnete Rentenbetrag wird sich also zwangsläufig reduzieren.

Beispiel

Renate Weber aus dem vorherigen Beispiel plant bereits im Jahr 2029 in eine Altersrente für langjährig Versicherte zu gehen. Demzufolge wird sie in den Jahren 2030 bis 2033 keine 40.000 EUR mehr verdienen. Für eine realistische Planung muss sie den hochgerechneten Betrag um 4 x 35 = 140 EUR reduzieren. Es verbleibt eine hochgerechnete Altersrente von 1.260 EUR, die aufgrund der vorzeitigen Inanspruchnahme noch um 14,4% (rd. 180 EUR) gemindert wird. Renate Weber kann also bei kontinuierlicher Beitragszahlung nur von einer hochgerechneten Rente in Höhe von 1.080 EUR ausgehen.

Bei der Hochrechnung werden also nur solche Zeiten berücksichtigt, die mit hoher Wahrscheinlichkeit bis zum Beginn der Rente vorliegen werden. So fallen u.a. Beiträge

- aufgrund einer Berufsausbildung,
- wegen Kindererziehung oder
- aus geringfügigen Beschäftigungsverhältnissen

aus der Hochrechnung heraus. Liegen in den letzten fünf Jahren keine oder ausschließlich für die Hochrechnung nicht zu berücksichtigende Zeiten vor, wird in der Renteninformation keine fiktive Hochrechnung vorgenommen.

Auswirkungen künftiger Rentenanpassungen

Hier wird die fiktiv hochgerechnete Regelaltersrente unter Berücksichtigung künftiger fiktiver Rentenanpassungen dynamisiert. Die Rentenversicherungsträger stellen zwei Musterrechnungen auf, einmal mit einem jährlichen Anpassungssatz von 1,0% und einmal mit einem von 2,0%. So werden nicht selten heute 30-jährigen Versicherten mögliche Altersrenten von über 3.000 EUR prognostiziert. Dadurch kann der Eindruck entstehen, dass eine zusätzliche Altersvorsorge bei dieser „Traumrente" gar nicht erforderlich ist. Es darf aber keinesfalls übersehen werden, dass dieser Betrag in 20, 25 oder 30 Jahren nicht mehr die heutige Kaufkraft besitzen wird.

Bereits heute lässt sich absehen, dass die künftigen Rentenanpassungen zumindest in den nächsten Jahren nicht einmal die prognostizierten 1,0% erreichen werden. Die Renten wurden in den Jahren 2004 bis 2006 gar nicht und im Jahr 2007 um 0,54% angepasst. Sicher, es werden auch wieder bessere Zeiten kommen.

> Zurzeit wäre es jedoch grob fahrlässig, wenn Sie Ihre Altersvorsorge allein auf die unter Berücksichtigung künftiger Anpassungen berechnete Rente stützten.

Zeitraum, in dem rechtserhebliche Zeiten im Versicherungskonto gespeichert sind

Hier wird ausgewiesen, von wann bis wann der Rentenversicherungsträger rechtserhebliche Zeiten in dem Versicherungskonto gespeichert hat. Es wird aber lediglich der Eintritt in die Versicherung und das Enddatum der letzten gespeicherten Zeit aufgeführt – also in der Regel die Zeit vom 17. Geburtstag bis zum 31.12. des vergangenen Kalenderjahres. Die Darstellung hat daher keine wirkliche Aussagekraft.

Der Renteninformation ist aber meistens ein Versicherungsverlauf beigefügt. Dort werden alle vom Rentenversicherungsträger vorgemerkten Zeiten aufgeführt. Haben Sie Zeiten zurückgelegt, die nicht im Versicherungsverlauf vorgemerkt sind, sollten Sie bei Ihrem Rentenversicherungsträger Unterlagen einreichen, die diese Zeiten belegen.

Das besagt die Rentenauskunft

Nach Vollendung des 54. Lebensjahres erhalten Sie alle drei Jahre anstatt einer Renteninformation eine Rentenauskunft. Auf Antrag wird diese auch schon früher erteilt. Eine Rentenauskunft wird immer auf der Grundlage des geltenden Rechts erteilt. Sie ist nicht rechtsverbindlich. Durchschnittlich besteht eine Rentenauskunft einschließlich der Berechnungsanlagen aus über 20 DIN A4 Seiten. Damit Sie den Überblick behalten, werden die wesentlichen Informationen auf den ersten beiden Seiten zusammengefasst.

In der Rentenauskunft werden

- die aktuelle Höhe einer vollen Erwerbsminderungsrente,
- der aktuelle Stand einer monatlichen Altersrente,
- die Höhe einer bis zur Vollendung der Regelaltersgrenze hochgerechneten Regelaltersrente und
- Informationen darüber, wie sich künftige Rentenanpassungen auf die Rente auswirken könnten

dargestellt. Welche Schlüsse Sie aus diesen Informationen ziehen können, konnten Sie bereits im vorherigen Abschnitt nachlesen. Die Rentenauskunft enthält zudem eine ausführliche Rentenberechnung und diverse Hinweise zur Rentenhöhe und den allgemeinen Anspruchsvoraussetzungen für die verschiedenen Rentenansprüche. Darüber hinaus finden Sie auch eine Reihe von Ausführungen, die unter dem Aspekt „Eher in Rente" sehr hilfreich sind. Es wird nämlich dargestellt,

- welche Altersrenten Sie ggf. beanspruchen könnten,
- wann diese Altersrenten ohne Abschlag beginnen und
- zu welchem Zeitpunkt diese Altersrenten frühestens mit Abschlag zu zahlen und um wie viel Prozent sie dann gemindert wären.

Sie werden auch darüber informiert, welche Einkünfte Sie im Rahmen der gesetzlichen Hinzuverdienstmöglichkeiten neben einer Rente erzielen dürften. Kurzum, Sie erhalten genau die Grundlagen, auf der Sie die Entscheidung „Eher in Rente" treffen können.

So ermitteln Sie künftige Rentenansprüche

Die Rentenversicherungsträger rechnen Ihnen auf der Grundlage Ihrer letzten Verdienste vor, wie hoch Ihre Regelaltersrente bei gleich bleibenden Einkünften werden könnte. Was aber, wenn Sie in Kürze in eine Teilzeitbeschäftigung wechseln? Oder Sie üben nach Arbeitslosigkeit einen Gleitzonen-Job aus. Da Sie sich dort gut machen, werden Sie anschließend wieder in eine Vollbeschäftigung übernommen. Vielleicht steht ja auch in Kürze eine Beförderung bevor und Sie verdienen mehr als vom Rentenversicherungsträger angenommen. Alle die Szenarien führen dazu, dass Ihre tatsächliche Altersrente von der hochgerechneten Altersrente abweichen wird. Und dann sind da noch die Abschläge, weil Sie ja eher in Rente gehen wollen.

Es bleibt Ihnen also nichts anderes übrig, als die Höhe Ihrer Altersrente unter Berücksichtigung künftiger Zeiten selbst zu überschlagen.

So gehen Sie vor

- Im ersten Schritt ermitteln Sie den Zeitraum, für den Sie durch künftige Beiträge Ihre Rente steigern können.
- Anschließend berechnen Sie die Entgeltpunkte, die sich für künftige Zeiten ergeben.
- Diese Entgeltpunkte werden summiert, in einen Rentenbetrag umgerechnet und zu dem bisherigen Stand Ihrer Altersrente hinzugerechnet.

- Die Summe wird um den Abschlag aufgrund der vorzeitigen Inanspruchnahme gemindert.

Das Ergebnis ist dann Ihre Altersrente zum gewünschten Rentenbeginn.

Beitragszeiten West oder Ost

Bei den meisten Beitragszeiten ist die Berechnung der Entgeltpunkte davon abhängig, ob sie in den alten oder in den neuen Bundesländern entstehen. Bei den Beitragszeiten West werden Entgeltpunkte (West) ermittelt, die mit dem aktuellen Rentenwert (West) vervielfältigt werden. Beitragszeiten (Ost) werden bis auf wenige Ausnahmen zunächst mit einem Umrechnungsfaktor (2007: 1,1622) auf „Westniveau" angehoben. Anschließend werden Entgeltpunkte (Ost) ermittelt, die dann mit dem aktuellen Rentenwert (Ost) vervielfältigt werden.

Künftige Beitragszeiten

Der Zeitraum, den Sie mit künftigen Beitragszeiten belegen können, beginnt mit dem Tag nach den in Ihrer letzten Renteninformation zuletzt berücksichtigten Versicherungszeiten. Er endet mit dem Tag vor Ihrem gewünschten Rentenbeginn.

Beispiel

In Ihrer Renteninformation wurden Versicherungszeiten vom 1.4.1982 bis 31.12.2006 berücksichtigt. Sie beabsichtigen zum 1.6.2029 in Rente zu gehen. Den Zeitraum vom 1.1.2007 bis 31.5.2029 können Sie mit künftigen Beitragszeiten belegen.

Ihre künftigen Beitragszeiten

Beginn	Ende	Anzahl der Monate

Bitte beachten Sie, dass Ihre künftigen Beitragszeiten bei den folgenden Berechnungen nicht außerhalb dieses Zeitraums liegen können. Sie sollten sich auch nicht untereinander überschneiden.

Sie sind künftig beschäftigt (kein Mini-Job oder Gleitzonenbeschäftigung)

Beginn	Ende	Anzahl der Monate

Alte Bundesländer

Ihr monatlicher Verdienst (maximal 5.250 EUR) wird mit der Anzahl der Monate vervielfältigt und anschließend durch das Durchschnittsentgelt geteilt und auf 4 Nachkommastellen gerundet.

Mtl. Entgelt	x Monate		Entgeltpunkte (West)
		/ 29.488	=

Neue Bundesländer

Ihr monatlicher Verdienst (maximal 4.550 EUR) wird mit dem Umrechnungsfaktor auf „Westniveau" angehoben (maximal auf 5.250 EUR) und danach mit der Anzahl der Monate vervielfältigt, durch das Durchschnittsentgelt geteilt und auf 4 Nachkommastellen gerundet.

Mtl. Entgelt		**„Westniveau"**	
	x 1,622	=	(max. 5.250)
„Westniveau"	**x Monate**		**Entgeltpunkte (Ost)**
		/ 29.488	=

Sie werden Altersteilzeitarbeit ausüben

Beginn	**Ende**	**Anzahl der Monate**

Ihr Verdienst aus einer Altersteilzeitarbeit setzt sich aus zwei Bestandteilen zusammen: dem Regelentgelt und dem Aufstockungsbetrag. Das Regelentgelt ist genau die Hälfte des Entgelts, das Sie für eine Vollbeschäftigung verdienen würden. Der Aufstockungsbetrag (mindestens 20% des Regelentgelts) ist steuer- und sozialversicherungsfrei. Dafür zahlt der Arbeitgeber einen zusätzlichen Rentenversicherungsbetrag. Dieser stellt Sie bei der Rente so, als verdienten Sie 90% des Entgelts für eine Vollbeschäftigung. Aus diesem Betrag werden dann die Entgeltpunkte wie bei einer Beschäftigung ermittelt.

Alte Bundesländer

mtl. Regel-entgelt		Mtl. Entgelt	
	x 1,8	=	(max. 4.725)
Mtl. Entgelt	**x Monate**		**Entgeltpunkte (West)**
		/ 29.488	=

Neue Bundesländer

mtl. Regel-entgelt		Mtl. Entgelt	
	x 1,8	=	(max. 4.095)
Mtl. Entgelt		**„Westniveau"**	
	x 1,622	=	(max. 5.250)
„Westniveau"	**x Monate**		**Entgeltpunkte (Ost)**
		/ 29.488	=

Sie beziehen Arbeitslosengeld (I)

Beginn	Ende	Anzahl der Monate

Bei Arbeitslosengeld (I) werden die Beiträge zur Rentenversicherung nicht auf der Grundlage des Arbeitslosengeldes sondern des so genannten Bemessungsentgelts berechnet. Hierbei handelt es sich um das Entgelt, das Sie im letzten Jahr vor der Arbeitslosigkeit durchschnittlich im Monat verdient haben. 80% hiervon werden bei der Rentenberechnung berücksichtigt. Bilden Sie also den Schnitt der Entgelte aus den letzten 12 Monaten vor Beginn der Arbeitslosigkeit und tragen diesen in die folgenden Tabellen ein.

Alte Bundesländer

Bemessungs-entgelt		**Mtl. Entgelt**	
	x 0,8	=	(max. 4.200)
Mtl. Entgelt	**x Monate**		**Entgeltpunkte (West)**
		/ 29.488	=

Neue Bundesländer

Bemessungs-entgelt		**Mtl. Entgelt**	
	x 0,8	=	(max. 3.640)
Mtl. Entgelt		**„Westniveau"**	
	x 1,622	=	
„Westniveau"	**x Monate**		**Entgeltpunkte (Ost)**
		/ 29.488	=

Sie bekommen Arbeitslosengeld II

Beginn	Ende	Anzahl der Monate

Beim Bezug von Arbeitslosengeld II („Hartz IV") werden monatlich 205 EUR in der Rentenversicherung versichert. Eine Unterscheidung zwischen alten und neuen Bundesländern gibt es nicht. Es fallen immer Entgeltpunkte (West) an.

Mtl. Entgelt	x Monate		Entgeltpunkte (West)
205 EUR		/ 29.488	=

> Zeiten, in denen Sie Arbeitslosengeld oder Arbeitslosengeld II beziehen zählen für die Wartezeit von 45 Jahren bei der Altersrente für besonders langjährig Versicherte nicht mit.

Sie wollen sich freiwillig versichern

Beginn	Ende	Anzahl der Monate

Bei freiwilligen Beiträgen können Sie monatlich jeden Beitrag zwischen dem Mindestbeitrag (79,60 EUR) und dem Höchstbeitrag (1.044,75 EUR) einzahlen. Der eingezahlte Beitrag wird zunächst in ein Entgelt umgerechnet, indem er mit 100 vervielfältigt und durch den Beitragssatz geteilt wird, der zum Zeitpunkt der Einzahlung gültig war (z. Zeit 19,9). Aus diesem Betrag werden dann die Entgeltpunkte wie bei einer Beschäftigung in den alten Bundesländern ermittelt (S. 79, keine Unterscheidung zwischen alten und neuen Bundesländern).

Sie verdienen im Rahmen der Gleitzonenregelung

Beginn	Ende	Anzahl der Monate

Bei einer Beschäftigung im Rahmen der so genannten Gleitzone (monatlicher Verdienst zwischen 400,01 EUR und 800 EUR) zahlen Sie einen ermäßigten Arbeitnehmeranteil. Was für Sie als Arbeitnehmer ganz angenehm ist, wirkt sich bei der Rentenberechnung etwas nachteilig aus. Es wird nämlich ein geringeres Entgelt in der Rentenversicherung versichert als Sie tatsächlich verdienen. Die Entgeltpunkte werden nur aus dem versicherten Entgelt ermittelt. Bitte versuchen Sie nicht die Formel zu verstehen, mit der das versicherte Entgelt errechnet wird. Sie zu erläutern würde den Rahmen sprengen. Nehmen Sie die Formel einfach so hin.

Alte Bundesländer

Entgelt		vers. Entgelt
(	x 1,2327) – 186,16 =	

vers. Entgelt	x Monate		Entgeltpunkte (West)
		/ 29.488	=

Neue Bundesländer

Entgelt			vers. Entgelt
(	x 1,2327) – 186,16 =		
vers. Entgelt		„Westniveau“	
	x 1,622	=	
„Westniveau“	x Monate		Entgeltpunkte (Ost)
		/ 29.488	=

Sie werden einen Mini-Job ausüben

Beginn	Ende	Anzahl der Monate

Wenn Sie einen Mini-Job (maximal 400 EUR monatlich) ausüben, sind Sie in der Rentenversicherung versicherungsfrei. Wenn Sie auf diese Versicherungsfreiheit nicht verzichten, müssen Sie selbst keine Beiträge zur Rentenversicherung zahlen. Ihr Arbeitgeber zahlt dann aber bei einer Beschäftigung außerhalb eines Privathaushaltes einen Pauschalbeitrag in Höhe von 15% des aus dem Mini-Job erzielten Entgelts. Dies führt bei der Rentenberechnung dazu, dass nur aus rund

75% des Mini-Job-Entgelts Entgeltpunkte ermittelt werden. Dafür gibt es keine Unterscheidung zwischen alten und neuen Bundesländern.

<table>
<tr><td>Mini-Job-Entgelt</td><td></td><td colspan="2">Grundlage</td></tr>
<tr><td></td><td>x 0,75</td><td colspan="2">=</td></tr>
<tr><td>Grundlage</td><td>x Monate</td><td></td><td>Entgeltpunkte (West)</td></tr>
<tr><td></td><td></td><td>/ 29.488</td><td>=</td></tr>
</table>

Monate, in denen ein Mini-Job ausgeübt wurde zählen nur in begrenztem Umfang für die Wartezeiten mit.

Die Monate für die Wartezeiten werden ermittelt, indem die errechneten Entgeltpunkte durch den Wert 0,0313 geteilt werden. Das Ergebnis dieses Rechengangs wird auf den vollen Wert (Monat) gerundet.

Umrechnen der künftigen Entgeltpunkte in Rentenbeträge

Wenn Sie hier angekommen sind, haben Sie alle Entgeltpunkte für künftige Zeiten berechnet. Nun rechnen Sie diese – getrennt nach West und Ost – zusammen:

Entgeltpunkte für	**West**	**Ost**
Beschäftigung		
Altersteilzeitarbeit		
Arbeitslosengeld (I)		
Arbeitslosengeld II		
freiwillige Beiträge		
Gleitzonenentgelt		
Mini-Job		
Summe:		

Die jeweiligen Summen rechnen Sie jetzt in einen Rentenbetrag um:

Summe EP West		**Rente West**
	x 26,27	= EUR
Summe EP Ost		**Rente Ost**
	x 23,09	= EUR
Rente West	**+ Rente Ost**	**= Rente aus künftigen Zeiten**
	+	= EUR

Berechnen Ihrer Monatsrente

In diesem letzten Rechenschritt wird zunächst die Gesamtrente aus Ihren bisherigen Zeiten (aktueller Stand einer monatlichen Altersrente aus der Renteninformation) und Ihren künftigen Zeiten berechnet.

Rente aus bisherigen Zeiten	**+ Rente aus künftigen Zeiten**	**Gesamtrente**
	+	= EUR

Nun ermitteln Sie den Abschlag, um den Ihre Rente aufgrund der vorzeitigen Inanspruchnahme gemindert wird.

<table>
<tr><td colspan="2">Ihr gewünschter Rentenbeginn</td><td colspan="2">Tag vor abschlagsfreiem Rentenbeginn</td><td>Anzahl an Monaten</td></tr>
<tr><td colspan="2"></td><td colspan="2"></td><td></td></tr>
<tr><td>Anzahl an Monaten</td><td></td><td>x Gesamtrente</td><td colspan="2">= Abschlag</td></tr>
<tr><td></td><td>x 0,3%</td><td></td><td colspan="2">= EUR</td></tr>
</table>

Und endlich errechnen Sie Ihre Altersrente, die Sie unter Berücksichtigung künftiger Zeiten zu dem von Ihnen gewünschten Rentenbeginn erhalten würden:

Gesamtrente	**- Abschlag**	**= Monatsrente**
	-	= EUR

Herzlichen Glückwunsch, Sie haben es geschafft!

Rentenminderungen ausgleichen

Vorzeitig in Anspruch genommene Altersrenten werden um einen Abschlag gemindert. Durch diesen Abschlag entsteht eine zusätzliche Versorgungslücke. Diese können Sie durch eine Ausgleichszahlung wieder schließen. Der Betrag zum Ausgleich der Rentenminderung kann auch von Dritten z.B. Ihrem Arbeitgeber im Rahmen von Sozialplänen oder Abfindungen gezahlt werden. Es ist auch möglich, dass die Rentenminderung nur teilweise ausgeglichen wird.

> Eine Rentenminderung, die bei einer Rente wegen verminderter Erwerbsfähigkeit aufgrund eines vorzeitigen Beginns entsteht, kann nicht durch eine Beitragszahlung ausgeglichen werden. Diese Rentenminderung besteht bei einer späteren Alters- und/oder Hinterbliebenenrente fort.

Auskunft über Beitragsaufwand

Um eine Ausgleichszahlung leisten zu können, müssen Sie zunächst eine besondere Auskunft beim Rentenversicherungsträger beantragen. Hierzu erklären Sie auf einem Formantrag der Rentenversicherungsträger, dass Sie beabsichtigen, eine vorgezogene Altersrente ab einem bestimmten Zeitpunkt in Anspruch zu nehmen. Diese Absichtserklärung ist für Sie unverbindlich. Sie sind später nicht verpflichtet, die Rente ab diesem erklärten Zeitpunkt in Anspruch zu nehmen.

In der Auskunft wird u. a. dargestellt, wie hoch die Rentenminderung zu dem gewünschten Rentenbeginn ist und welcher Beitragsaufwand erforderlich wäre, um diese Minderung auszugleichen.

Prognoseberechnung

Der besonderen Auskunft liegen neben den bisher zurückgelegten rentenrechtlichen Zeiten auch zukünftige fiktive Beitragszeiten zugrunde. Für jeden Kalendermonat nach dem Monat des Antrags auf Erteilung der Auskunft wird ein vom Arbeitgeber des Versicherten bescheinigtes fiktives Gehalt bei der Berechnung berücksichtigt. Der Arbeitgeber legt der Bescheinigung gemäß gesetzlicher Vorgabe das gegenwärtige Arbeitsentgelt aufgrund der bisherigen Beschäftigung und der bisherigen Arbeitszeit zugrunde. Diese Art der Bescheinigung ist jedoch nicht immer sinnvoll. Wechseln Sie z.B. in drei Jahren in eine Altersteilzeitbeschäftigung, dann wissen Sie heute schon, dass sich Ihr künftiges Entgelt ändern wird. Ihr Arbeitgeber darf aber auf dem Antrag nur ein Entgelt eintragen. Bitten Sie ihn daher, ein durchschnittliches Entgelt bis zu Ihrem beabsichtigten Rentenbeginn zu ermitteln und zu bescheinigen.

Beispiel

Marianne Groß arbeitet noch 33 Monate in einer Vollzeitbeschäftigung mit einem Entgelt von 4.125 EUR. Anschließend wird Sie für 72 Monate Altersteilzeit mit einem Entgelt von 3.545 EUR ausüben. Durchschnittlich wird sie
(33 x 4125 + 72 x 3545) / 105 = 3.727 EUR erzielen.

Bescheinigt der Arbeitgeber kein Arbeitsentgelt, werden für jeden in der Zukunft liegenden Kalendermonat Entgeltpunkte zugrunde gelegt, die dem durchschnittlichen monatlichen Entgeltpunkt aus Beitragszeiten des Kalenderjahres entsprechen, für das zuletzt Entgeltpunkte ermittelt wurden. Hierbei werden nicht nur Entgeltpunkte für Arbeitsentgelte, sondern auch solche für freiwillige Beiträge und andere Beiträge (z.B. wegen Sozialleistungsbezug) berücksichtigt.

Beispiel

Stephan Braun möchte nicht, dass sein Arbeitgeber von seinen Gedanken eher in Rente zu gehen erfährt. Aus diesem Grunde verzichtet auf die Bescheinigung des gegenwärtigen Arbeitsentgelts seitens des Arbeitgebers. In seinem Rentenversicherungskonto ist zuletzt das Jahr 2006 mit Beitragszeiten belegt. Vom 1.1. bis 31.12. hat er ein Entgelt in Höhe von 34.588 EUR erzielt. Hieraus ergeben sich 34588 / 29304 (vorl. Durchschnittsentgelt 2006) = 1,1803 Entgeltpunkte für das Jahr 2006. 1/12 hiervon (=0,0984) wird bei der Prognoseberechnung für jeden künftigen Monat berücksichtigt.

Je früher Sie die Auskunft über den Beitragsaufwand zum Ausgleich der Rentenminderung beantragen, desto weiter liegt der Zeitpunkt des beabsichtigten Rentenbeginns in der Zukunft. Damit einhergehend wird die prognostizierte Rentenhöhe und damit auch der Beitragsaufwand zum Ausgleich einer Rentenminderung immer ungenauer. Es besteht damit die Gefahr, dass aufgrund einer zu günstigen Prognoseberechnung zu hohe Beiträge gezahlt werden. Zu viel gezahlte Beiträge zum Ausgleich einer Rentenminderung werden jedoch im Rentenfall nicht erstattet.

Voraussetzungen für die Ausgleichszahlungen

Die Ausgleichszahlung kann bis zur Vollendung der Regelaltersgrenze geleistet werden. Für die Berechnung des Beitragsaufwands werden die zum Zeitpunkt der Zahlung maßgeblichen Rechengrößen angewendet. Wird die Ausgleichszahlung nicht in dem Jahr gezahlt, in dem die Auskunft beantragt wird, verändert sich der Beitragsaufwand.

Höhe der Ausgleichszahlung

Durch die Ausgleichszahlung werden Entgeltpunkte „zurückgekauft", die dem Rentenabschlag unterliegen.

Beispiel

Ein Arbeitnehmer, der im Jahr 2007 einen Entgeltpunkt erzielt, benötigt in den alten Bundesländern einen Arbeitsverdienst von 29.488 EUR. Erklärt dieser Arbeitnehmer die Absicht, 27 Monate eher in Rente zu gehen, würde diese Altersrente um 8,1 % gemindert. Der Verdienst zum Erzielen eines Entgeltpunkts müsste dann sogar 29.488 EUR/(1-0,081) = 32.087,05 EUR betragen. Von diesem Verdienst wären 19,9% Beitrag zur Rentenversicherung zu zahlen, also 6.385,32 EUR. Mit diesem Betrag hätte der Arbeitnehmer einen Entgeltpunkt ausgeglichen.

Die Höhe des Beitragsaufwands ist demzufolge abhängig von dem Durchschnittsentgelt, dem Beitragssatz und dem Prozentsatz, um den die Rente gemindert ist. Zieht man diesen Prozentsatz von der Zahl 1 ab, erhält man den so genannten Zugangsfaktor. Der Zugangsfaktor in der Beispielrechnung beträgt 1-0,081 = 0,919.

Der Höhe der Ausgleichszahlung im Jahre 2007 für Rentenanwartschaften, die in den alten Bundesländern erworben wurden, lässt sich mit folgender Formel errechnen:

$$\text{Ausgleichsbetrag} = \frac{\text{gemind. Entgeltpunkte} \times 5.868{,}112}{\text{Zugangsfaktor}}$$

Beispiel

Hannah Neugebauer aus Hamburg ist im Juni 1946 geboren und will mit 62 Jahren im Juli 2008 in Rente gehen. Eine ungekürzte Rente hätte 50 Entgeltpunkte zur Grundlage. Da sie die Rente 36 Monate früher in Anspruch nimmt, wird sie um 10,8% gekürzt. Der Zugangsfaktor beträgt 1 - 0,108 = 0,892. Es können insgesamt 5,4 Entgeltpunkte (10,8 % von 50) ausgeglichen werden. Der Beitragsaufwand beträgt bei einer Zahlung im Jahr 2007:

5,4 × 5868,112 / 0,892 = 35.524,44 EUR

Dieser Betrag gleicht eine Rentenminderung von monatlich 141,86 EUR aus (5,4 Entgeltpunkte × 26.27 EUR aktueller Rentenwert).

Der Wert 5.868,112 ergibt sich aus dem Durchschnittsentgelt des Jahres 2007 (29.488) vervielfältigt mit dem Beitragssatz 2007 (19,9%). Für in den neuen Bundesländern erworbene Rentenanwartschaften gilt im Jahr 2007 der Wert 5.049,1413, da dort das Durchschnittsentgelt niedriger ist als in den alten Bundesländern.

Teilweiser Ausgleich der Rentenminderung

In der Auskunft über den Beitragsaufwand bekommen Sie den Betrag mitgeteilt, der zum vollständigen Ausgleich der Rentenminderung erforderlich ist. Sie oder Ihr Arbeitgeber können auch geringere Beträge einzahlen und so die Rentenminderung nur teilweise ausgleichen.

Der folgenden Tabelle können Sie entnehmen, wie hoch die Beträge zum Ausgleich von je 10 EUR Rentenminderung sind:

Minderung der Rente um ...%	Ausgleich je 10 EUR Minderung West	Ausgleich je 10 EUR Minderung Ost
1,8%	2.274,94 EUR	2.226,87 EUR
3,6%	2.317,42 EUR	2.268,45 EUR
5,4%	2.361,51 EUR	2.311,61 EUR
7,2%	2.407,32 EUR	2.356,45 EUR
9,0%	2.454,93 EUR	2.403,06 EUR
10,8%	2.504,47 EUR	2.451,55 EUR
12,6%	2.556,05 EUR	2.502,04 EUR
14,4%	2.609,80 EUR	2.554,65 EUR
16,2%	2.665,86 EUR	2.609,53 EUR
18,0%	2.724,38 EUR	2.666,81 EUR

Beispiel

Die Altersrente von Regina Müller wird laut besonderer Auskunft um 10,8% gemindert werden Das entspricht einem Minderungsbetrag (Ost) von 147 EUR. Mit ihrem Arbeitgeber ist vereinbart, dass dieser 2/3 der Minderung ausgleicht, also 98 EUR. Hierzu ist ein Betrag von 9,8 x 2.451,55 = 24.025,19 EUR erforderlich.

Zur Rente hinzuverdienen

Eine Möglichkeit die Abschläge bei der Rente zumindest finanziell auszugleichen besteht darin, dass Sie neben der Rente hinzuverdienen. Diese Möglichkeit kann natürlich keine Dauerlösung sein. Irgendwann wollen Sie Ihren Ruhestand ja schließlich auch ohne Nebenjob genießen können.

Ein Hinzuverdienst neben der Rente ist möglich. Nach vollendeter Regelaltersgrenze sogar in unbegrenzter Höhe. Wenn Sie eine Altersrente vor Vollendung der Regelaltersgrenze oder eine Erwerbsminderungsrente beziehen, können Sie dagegen nur in begrenztem Umfang hinzuverdienen ohne dass es zu weiteren Rentenminderungen kommt. Sie müssen bestimmte, individuell berechnete Grenzwerte einhalten. Werden diese überschritten, wird die Rente nur teilweise gezahlt oder fällt sogar ganz weg.

Für Altersrenten und Erwerbsminderungsrenten gelten verschiedene Regelungen. Die Berechnung der Grenzwerte ändert sich zum 1.1.2008. Da Sie vermutlich nicht mehr im Jahre 2007 in Rente gehen, werde ich nur auf die neue Rechtslage eingehen. Ein für die Berechnung der Hinzuverdienstgrenzen wichtiger Wert – die Bezugsgröße 2008 – liegt beim Erscheinen dieses TaschenGuides noch nicht vor. So kann ich bei den Berechnungen hilfsweise nur auf die Bezugsgröße 2007 zurückgreifen. Dadurch werden zum Teil geringfügig niedrigere Werte errechnet als sich 2008 tatsächlich ergeben würden.

Um diese Verdienste geht es

Die Hinzuverdienstgrenzen müssen eingehalten werden bei

- Arbeitsentgelt (aus einer Beschäftigung),
- Arbeitseinkommen (aus einer selbstständigen Tätigkeit) oder
- vergleichbarem Einkommen (z.B. Vorruhestandsgelder, Abgeordnetendiäten).

Es kommt nicht darauf an, ob für die Beschäftigung oder selbstständige Tätigkeit auch Rentenversicherungspflicht besteht. Daher gelten z.B. auch die Dienstbezüge eines versicherungsfreien Beamten als Arbeitsentgelt.

Bei Erwerbsminderungsrenten sind verschiedene Sozialleistungen dem Arbeitsentgelt gleichgestellt. Hierzu gehören u.a. nach dem Rentenbeginn erworbene Ansprüche auf Kranken- oder Arbeitslosengeld. Als Hinzuverdienst gilt hier jedoch nicht der Zahlbetrag der Sozialleistung selbst, sondern das der Leistung zu Grunde liegende Arbeitsentgelt oder -einkommen.

Hinzuverdienst bei Altersrenten

Liegt der Hinzuverdienst unter 1/7 der monatlichen Bezugsgröße (in 2007 350 EUR), wird die Altersrente als Vollrente gezahlt. Überschreitet der Hinzuverdienst diesen Wert, wird die Altersrente als 2/3-, 1/2- oder 1/3-Teilrente gezahlt. Je höher der Hinzuverdienst ist, desto niedriger ist die mögliche Teilrente, d.h. zur 1/3-Teilrente kann am meisten hinzuverdient werden. Wird die Hinzuverdienstgrenze für eine 1/3-Teilrente überschritten, entfällt der Anspruch auf die Altersrente ganz.

Beispiel

Harald Schmitz erhält eine Altersrente von 1.044 EUR. Daneben verdient er aus einem Nebenjob 600 EUR monatlich dazu. Seine individuelle Hinzuverdienstgrenze für eine 2/3-Teilrente beträgt 550 EUR, die für eine 1/2-Teilrente 800 EUR. Der Verdienst von 600 EUR übersteigt die Hinzuverdienstgrenze für die 2/3-Teilrente. Den Grenzwert auf eine 1/2-Teilrente hält er ein. Die Altersrente wird also nur noch zur Hälfte also in Höhe von 522 EUR gezahlt.

Die Hinzuverdienstgrenze darf in einem Kalenderjahr zweimal um jeweils einen Betrag bis zur Höhe der Hinzuverdienstgrenze überschritten werden. Es kann also in zwei Monaten bis zum Doppelten des Grenzbetrags hinzuverdient werden. Ein solches Überschreiten ist bereits in dem Monat zulässig, in dem die Rente beginnt.

Beispiel

Ingrid Wagner bezieht eine Altersvollrente. Daneben erhält sie aus einer Beschäftigung monatlich 325 EUR. Im Monat April erhält sie zusätzlich eine Mehrarbeitsvergütung von 250 EUR. Trotz der Mehrarbeitsvergütung wird die Rente für den April nicht gekürzt. Mit 575 EUR überschreitet sie zwar die (einfache) Hinzuverdienstgrenze für eine Vollrente von 350 EUR. Die doppelte Hinzuverdienstgrenze (2 x 350 = 700 EUR) hält sie jedoch ein.

Die Hinzuverdienstgrenzen werden aus der Summe der Entgeltpunkte der letzten drei Kalenderjahre vor dem Beginn der Altersrente ermittelt. Es werden mindestens 1,5 Entgeltpunkte berücksichtigt.

Beispiel

Hanna Meißner erhält ab dem 1.5.2008 eine Altersrente für Frauen. Für die Hinzuverdienstgrenzen maßgeblich sind die Entgeltpunkte, die im Rentenbescheid für die Zeit vom 1.1.2005 bis 31.12.2007 ermittelt wurden. In dieser Zeit hat sie 4,2357 Entgeltpunkte erwirtschaftet, so dass die Mindestregelung nicht greift.

In den meisten Fällen werden die Entgeltpunkte für die letzten drei Kalenderjahre aus Beitragszeiten ermittelt, sei es z.B. aus einer Beschäftigung oder weil Arbeitslosengeld bezogen wurde. So lässt sich folgende Regel aufstellen:

> Je höher das versicherte Einkommen in den letzten drei Kalenderjahren vor dem Beginn der Altersrente war, desto mehr kann auch zur jeweiligen Teilrente hinzuverdient werden.

Hinzuverdienstgrenzen West und Ost

Bis zur Herstellung einheitlicher Einkommensverhältnisse gelten in den alten und neuen Bundesländern verschiedene Hinzuverdienstgrenzen. Ob die Hinzuverdienstgrenze West oder Ost anzuwenden ist, richtet sich

- bei Arbeitnehmern nach dem Beschäftigungsort (nicht nach dem Wohnsitz) und
- bei Selbstständigen nach dem Betriebssitz.

Beispiel

Christian Becker wohnt in Schwerin und arbeitet in Lübeck. Für ihn gilt die Hinzuverdienstgrenze West.

Allerdings gibt es hier eine Ausnahme: Entsendet eine Firma mit Sitz in den neuen Bundesländern einen Arbeitnehmer nur vorübergehend in die alten Bundesländer, gilt für diesen Arbeitnehmer die Hinzuverdienstgrenze Ost. Entsprechendes gilt auch im umgekehrten Fall – also Hinzuverdienstgrenze West bei Betriebssitz in den alten Bundesländern und vorübergehender Tätigkeit in den neuen Bundesländern.

Höhe der Hinzuverdienstgrenzen

Die individuelle Hinzuverdienstgrenze West beträgt bei einer Altersrente als Vollrente 1/7 der monatlichen Bezugsgröße. Bei Teilrenten berechnet sie sich nach folgender Formel:

Entgeltpunkte der letzten 3 Kalenderjahre (mindestens 1,5) x monatliche Bezugsgröße x Teilrentenartfaktor = monatliche Hinzuverdienstgrenze

Der Teilrentenartfaktor beträgt

- bei einer 2/3-Teilrente 0,13
- bei einer 1/2-Teilrente 0,19 und
- bei einer 1/3-Teilrente 0,25

Basierend auf der Bezugsgröße 2007 (2.450 EUR) ergeben sich demnach folgende Mindesthinzuverdienstgrenzen West:

Teilrentenart	Mindesthinzuverdienstgrenze West
Vollrente	350,00 EUR
2/3-Teilrente	477,75 EUR
1/2-Teilrente	698,25 EUR
1/3-Teilrente	918,75 EUR

Bei den Teilrenten werden die Hinzuverdienstgrenzen Ost von den Hinzuverdienstgrenzen West abgeleitet. Dazu werden diese mit dem aktuellen Rentenwert (Ost; bis 30.6.2008 23,09 EUR) vervielfältigt und durch den aktuellen Rentenwert (West; bis 30.6.2008 26,27 EUR) geteilt. Für die Vollrente gilt auch bei der Hinzuverdienstgrenze Ost der Wert von 1/7 der monatlichen Bezugsgröße. Es ergeben sich – basierend auf der Bezugsgröße 2007 – folgende Mindesthinzuverdienstgrenzen Ost:

Teilrentenart	Mindesthinzuverdienstgrenze West
Vollrente	350,00 EUR
2/3-Teilrente	419,92 EUR

1/2-Teilrente	613,73 EUR
1/3-Teilrente	807,53 EUR

> Die Hinzuverdienstgrenze für eine Vollrente ist nicht mit der 400 EUR-Grenze bei Mini-Jobs identisch. Wenn Sie zur Altersrente 400 EUR hinzuverdienen wollen, erhalten Sie nur eine 2/3-Teilrente.

Es existieren Überlegungen des Gesetzgebers dieses Manko abzustellen und die Hinzuverdienstgrenze für eine Vollrente auf 400 EUR anzuheben. Ob eine Gesetzesänderung kommt und ob diese dann wie angedacht zum 1.1.2008 in Kraft tritt, war beim Erscheinen dieses TaschenGuides noch ungewiss.

Berechnen Sie Ihre eigenen Hinzuverdienstgrenzen

Mithilfe des folgenden Schemas errechnen Sie Ihre individuellen Hinzuverdienstgrenzen für eine Altersrente im Jahr 2008:

Entgeltpunkte der letzten drei Kalenderjahre:			
Jahr	erzieltes Entgelt		Entgeltpunkte
2005:		/ 29.292 =	
2006:		/ 29.304 =	
2007:		/ 29.488 =	
Summe EP (mindestens 1,5):			
Hinzuverdienstgrenzen West:			

Teilrentenart	Summe EP		Grenzwert West
Vollrente:	-	-	350,00 EUR
2/3-Teilrente:		x 318,50 =	
1/2-Teilrente:		x 465,50 =	
1/3-Teilrente:		x 612,50 =	
Hinzuverdienstgrenzen Ost:			
Teilrentenart	Grenzw. West		Grenzwert Ost
Vollrente:	-	-	350,00 EUR
2/3-Teilrente:		x 0,879 =	
1/2-Teilrente:		x 0,879 =	
1/3-Teilrente:		x 0,879 =	

Hinzuverdienst bei Erwerbsminderungsrenten

Bei den Erwerbsminderungsrenten gelten grundsätzlich die gleichen Prinzipien wie bei den Altersrenten. Es ergeben sich jedoch folgende Abweichungen:

In Abhängigkeit vom erzielten Hinzuverdienst werden Erwerbsminderungsrenten gezahlt als

- Rente wegen voller Erwerbsminderung
  - in voller Höhe
  - in Höhe von 3/4

  - in Höhe von 1/2
  - in Höhe von 1/4
- Rente wegen teilweiser Erwerbsminderung
  - in voller Höhe
  - in Höhe von 1/2

Die Hinzuverdienstgrenze für die Rente wegen voller Erwerbsminderung in voller Höhe beträgt bundeseinheitlich 1/7 der monatlichen Bezugsgröße (350 EUR). Auch hier plant der Gesetzgeber eine Anhebung auf die Mini-Job-Grenze von 400 EUR.

Für die Berechnung der Hinzuverdienstgrenzen West gelten bei der Vervielfältigung der Entgeltpunkte der letzten drei Kalenderjahre mit der monatlichen Bezugsgröße die folgenden Teilrentenfaktoren:

- 0,17 (volle Erwerbsminderungsrente in Höhe von 3/4)
- 0,23 (teilweise Rente in voller Höhe und volle Erwerbsminderungsrente in Höhe von 1/2)
- 0,28 (teilweise Rente in halber Höhe und volle Erwerbsminderungsrente in Höhe von 1/4)

Die Hinzuverdienstgrenzen Ost werden von den Grenzwerten West in dem Verhältnis aktueller Rentenwert (Ost; 23,09 EUR) durch aktueller Rentenwert (West; 26,27 EUR) abgeleitet.

Beispiel

Mindesthinzuverdienstgrenzen für eine volle Erwerbsminderungsrente in Höhe von 3/4:

West: 1,5 Entgeltpunkte x 2.450 x 0,17 = 624,75

Ost: 624,75 x 23,09 / 26,27 = 549,12 EUR

Wird die höchste Hinzuverdienstgrenze überschritten, bleibt der Rentenanspruch dem Grunde nach bestehen. Die Rente wird nur nicht gezahlt, weil sie in voller Höhe ruht.

Rente und Steuern

Eher in Rente heißt Steuern sparen. Klingt komisch, ist aber so. Hieraus darf aber keinesfalls der Schluss abgeleitet werden, der Staat würde einen früheren Rentenbeginn durch Steuervorteile subventionieren wollen. Der Grund für die Steuerersparnis liegt vielmehr an dem zum 1.1.2005 vollzogenen Wechsel von der vorgelagerten zur nachgelagerten Besteuerung von Renten.

Der Rentenversicherungsträger zieht von der Rente keine Steuern ab. Der Rentner muss sich selbst darum kümmern, dass die Rente ordnungsgemäß versteuert wird.

Dies macht er im Rahmen der Einkommensteuererklärung. Das Finanzamt erlässt dann einen Steuerbescheid und setzt die Steuern fest. Die Rente ist aufgrund weitreichender Übergangsregelungen erst bei einem Rentenbeginn im Jahre 2040 voll zu versteuern. Bis dahin ist nur ein bestimmter Besteuerungssatz (%-Satz) der Rente steuerpflichtig, der von dem Jahr des Rentenbeginns (Jahr RB) abhängig ist.

Jahr RB	%-Satz	Jahr RB	%-Satz	Jahr RB	%-Satz
2008	56%	2019	78%	2030	90%
2009	58%	2020	80%	2031	91%
2010	60%	2021	81%	2032	92%
2011	62%	2022	82%	2033	93%
2012	64%	2023	83%	2034	94%
2013	66%	2024	84%	2035	95%
2014	68%	2025	85%	2036	96%
2015	70%	2026	86%	2037	97%
2016	72%	2027	87%	2038	98%
2017	74%	2028	88%	2039	99%
2018	76%	2029	89%	ab 2040	100%

Der im Jahr des Rentenbeginns gültige Besteuerungssatz gilt für den gesamten Rentenbezug, bei einer Altersrente also bis zum Lebensende. Im ersten Jahr des Rentenbezugs wird der steuerpflichtige Teil der Rente nach folgender Formel berechnet:

Jahresrente x Besteuerungssatz = steuerpflichtige Rente

Beispiel

Die Altersrente von Hannes Mantey beginnt am 1.4.2011. Sie beträgt vom 1.4. bis 30.6.2011 mtl. 1.269 EUR und vom 1.7. bis 31.12.2011 mtl. 1.286 EUR. Es ergibt sich eine Jahresrente von 11.523 EUR (3 x 1.269 + 6 x 1.286). Aufgrund des erstmaligen

Rentenbeginns im Jahre 2011 beträgt der Besteuerungssatz 62%. Von der Rente sind demzufolge 11.523 EUR x 62% = 7.144,26 EUR zu versteuern.

Im zweiten Rentenbezugsjahr wird der steuerfreie Teil der Rente ermittelt und in einen Rentenfreibetrag umgewandelt.

Beispiel

Im 2. Rentenbezugsjahr beträgt die Altersrente von Hannes Mantey vom 1.1. bis 30.6.2012 mtl. 1.286 EUR und vom 1.7. bis 31.12.2012 mtl. 1.299 EUR. Es ergibt sich eine Jahresrente von 15.510 EUR (6 x 1.286 + 6 x 1.299). Daraus folgt eine steuerpflichtige Rente von 15.510 x 62% (da Rentenbeginn in 2011) = 9.616,20. Es errechnet sich demzufolge ein Rentenfreibetrag von 15.510 - 9.616,20 = 5.893,80 EUR.

Der im zweiten Rentenbezugsjahr ermittelte Rentenfreibetrag bleibt statisch und wird lebenslang festgeschrieben. Der Besteuerungssatz aus der eingangs dargestellten Tabelle wird ab dem dritten Rentenbezugsjahr nicht mehr herangezogen. Künftige Rentenanpassungen erhöhen demzufolge in vollem Umfang den steuerpflichtigen Teil der Rente.

Beispiel

Im 3. Rentenbezugsjahr beträgt die Altersrente von Hannes Mantey vom 1.1. bis 30.6.2013 mtl. 1.299 EUR und vom 1.7. bis 31.12.2012 mtl. 1.317 EUR. Es ergibt sich eine Jahresrente von 15.696 EUR (6 x 1.299 + 6 x 1.317). Hiervon wird der Rentenfreibetrag von 5.893,80 EUR abgezogen. Daraus folgt eine steuerpflichtige Rente von 9.802,20 EUR. Gegenüber dem 2. Rentenbezugsjahr sind demzufolge 186 EUR mehr zu versteuern.

So wird die Rente Realität

Nachdem Sie nun wissen, wann Sie in Rente gehen und welche Zahlungen Sie erwarten können, gilt es jetzt, die Rente in die Wege zu leiten.

In diesem Kapitel lesen Sie,

- wie Sie Ihre Versicherungsunterlagen vervollständigen (S. 108 f.),
- wie Sie die Rente beantragen (S. 110 ff.),
- wie Sie bei Erwerbsminderungsrenten den Kampf mit den Gutachtern bestehen (S. 113 ff.),
- wie Sie den Rentenbescheid überprüfen (S. 116) und
- gegen fehlerhafte Bescheide vorgehen können (S. 117).

Kontenklärung

Viele Zeiten werden dem Rentenversicherungsträger maschinell übermittelt. Dennoch gibt es meistens einige Lücken in der Versicherungsbiografie. So muss z.B. die Anerkennung von Zeiten der Schulausbildung oder von Kindererziehungszeiten beantragt werden, da diese Zeiten nicht maschinell gemeldet werden. Es kann auch sein, dass es Fehler bei der Datenübermittlung gab und die Daten aus diesem Grund nicht im Versicherungskonto gespeichert wurden. Um diese Lücken zu beseitigen, ist eine Kontenklärung notwendig. Sie dient dazu, das individuelle Versicherungsleben vollständig beim Rentenversicherungsträger feststellen zu lassen.

> Ab Ihrem 43. Geburtstag fordert Sie Ihr Rentenversicherungsträger alle sechs Jahre dazu auf, Ihr Versicherungskonto zu klären. Davon unabhängig können Sie auch jederzeit selbst die Kontenklärung beantragen.

Mit einer Kontenklärung ist zunächst einmal der Kampf mit mehr oder weniger umfangreichen Antragsvordrucken verbunden. Diese versendet der Rentenversicherungsträger zusammen mit einem Versicherungsverlauf.

So gehen Sie bei der Kontenklärung vor

Prüfen Sie Ihre Rentenunterlagen gründlich.

1 Ist der Versicherungsverlauf vollständig und richtig?

2 Stimmen die ausgewiesenen Arbeitsverdienste mit den Bescheinigungen überein, die Sie von Ihren Arbeitgebern erhalten haben?

3 Enthält der Versicherungsverlauf auch alle Zeiten, die außerhalb Ihrer Beschäftigungsverhältnisse für die Rente von Bedeutung sein können? Hierzu gehören z.B.

- Zeiten der Kindererziehung
- Krankengeldbezug
- Leistungen der Arbeitsförderung
- Wehr- und Zivildienstzeiten
- Schule, Fachschule oder Studium ab Ihrem 17. Geburtstag

Notieren Sie alle Zeiten, die Ihrer Meinung nach in dem Versicherungsverlauf fehlen.

4 Sammeln Sie Nachweise, die diese Zeiten belegen.

5 Wenn Belege fehlen, notieren Sie Namen und die Ihnen bekannte Anschrift des früheren Arbeitgebers oder Sozialleistungsträgers, ggf. Personalnummer oder Aktenzeichen.

Füllen Sie die Formulare so weit Sie können aus.

Bei Fragen holen Sie sich fachmännischen Rat.

6 Vereinbaren Sie mit Ihrem Rentenversicherungsträger einen Termin bei dessen Auskunfts- und Beratungsstelle.

7 Nehmen Sie zu dem Termin die vorbereiteten Antragsvordrucke, Ihren Personalausweis und die Liste über ggf. im Versicherungsverlauf fehlende Zeiten sowie deren Belege - möglichst im Original - mit.

Nachdem Sie die Antragsvordrucke und ggf. weitere Unterlagen bei Ihrem Rentenversicherungsträger eingereicht haben, erlässt dieser einen Bescheid. Mit diesem entscheidet er über die von Ihnen geltend gemachten Zeiten. Ferner merkt er alle

Zeiten verbindlich vor, die länger als sechs Jahre zurückliegen. Vorbehaltlich etwaiger Rechtsänderungen ändert der Rentenversicherungsträger bis zu diesem Zeitpunkt nichts mehr an Ihrem Versicherungskonto. Verbindlich heißt aber nicht, dass Sie künftig keine weiteren Nachweise mehr einreichen können.

Rentenantrag – jetzt wird´s ernst

Hartnäckig hält sich das Gerücht, die Rente käme automatisch. Das ist falsch. Leistungen aus der gesetzlichen Rentenversicherung – und damit auch die Renten – werden nur auf Antrag gezahlt. Der Rentenantrag ist an keine Form gebunden. Die Rente kann also auch mit folgendem Dreizeiler bei Ihrem Rentenversicherungsträger beantragt werden:

„Sehr geehrte Damen und Herren,
hiermit beantrage ich zum ... eine Altersrente. Bitte übersenden Sie mir die hierzu erforderlichen Formulare."

Alternativ hierzu erhalten Sie die Antragsvordrucke in einer der Auskunfts- und Beratungsstellen der Deutschen Rentenversicherung, bei Versicherungsämtern oder bei den Stadt- und Gemeindeverwaltungen. Diese Stellen sind Ihnen auch beim Ausfüllen behilflich und nehmen die ausgefüllten Vordrucke entgegen. Sie können sich die Antragsvordrucke auch von der Internetseite der Deutschen Rentenversicherung herunter laden (www.deutsche-rentenversicherung.de).

> Der Rentenantrag ist an dem Tag rechtswirksam gestellt, an dem er bei der zur Antragsannahme berechtigten Stelle eingeht.

Vom Antrag hängt der Rentenbeginn ab

Die Rente beginnt am Ersten des Monats, zu dessen Beginn die Anspruchsvoraussetzungen erfüllt sind. Der Rentenantrag muss jedoch innerhalb von drei Kalendermonaten nach Erfüllung der Voraussetzungen gestellt werden. Bei einem verspätet gestellten Antrag beginnt die Rente erst am Ersten des Antragsmonats.

Beispiel

Heinz Fischer erfüllt die Anspruchsvoraussetzungen für eine Altersrente am 29.2.2008. Die maßgebliche 3-Monats-Frist geht vom 1.3.2008 bis 31.5.2008. Stellt Heinz Fischer den Antrag innerhalb dieser Frist, kann seine Altersrente am 1.3.2008 beginnen. Stellt er den Antrag nach Fristablauf, z.B. am 5.7.2008, kann die Altersrente erst mit dem Antragsmonat beginnen, also am 1.7.2008.

Stellen Sie den Rentenantrag rechtzeitig

Durch den gestellten Antrag wird das Verwaltungsverfahren beim Rentenversicherungsträger ausgelöst. Die Bearbeitungsdauer hängt in erster Linie davon ab, wie vollständig Ihre Rentenunterlagen sind. Bei einem geklärten Konto reicht es erfahrungsgemäß aus, wenn Sie die Rente ca. drei bis vier Monate vor dem Rentenbeginn beantragen.

Entgelte bis zum Rentenbeginn

Auf Ihr Verlangen hin kann Ihr Arbeitgeber

- die noch nicht gemeldeten Entgelte des laufenden und vorangegangenen Kalenderjahres sowie

- die Höhe Ihres voraussichtlichen Entgelts bis zum Ende des Beschäftigungsverhältnisses

bescheinigen. Dadurch wird ein lückenloser Übergang von der Auszahlung des letzten Arbeitsverdienstes zur ersten Rentenzahlung ermöglicht. Der Rentenversicherungsträger kann die Altersrente endgültig berechnen und die Zahlung der Rente pünktlich aufnehmen. Die Vorausbescheinigung ist für längstens drei Monate möglich.

Beispiel

Im Versicherungskonto von Heike Pahl sind Entgelte bis zum 31.12.2006 gespeichert. Zum 1.11.2007 möchte sie in Rente gehen. Sie bittet ihren Arbeitgeber, die Entgelte für das Jahr 2007 auf einem vom Rentenversicherungsträger übersandten Formular zu bescheinigen.

Der Arbeitgeber kann die Bescheinigung erst ausfüllen, nachdem er den Lohn für den Monat Juli 2007 abgerechnet hat. Er darf die Entgelte nur für die letzten drei Monate vor dem Rentenbeginn (1.8. bis 31.10.2007) im Voraus bescheinigen. Die zu bescheinigenden Entgelte für die Zeit vom 1.1. bis 31.7.2007 müssen beim Ausfüllen der Entgeltbescheinigung bereits abgerechnet sein.

Die vorstehende Verfahrensweise wird sich voraussichtlich zum 1.1.2008 ändern. Nach dem neuen Verfahren meldet der Arbeitgeber auf Ihr Verlangen die bereits abgerechneten Entgelte an den Rentenversicherungsträger. Dieser errechnet aus den letzten 12 gemeldeten Monaten den Schnitt, den er dann für die letzten Monate bis zum Rentenbeginn zugrunde legt. Diese Hochrechnung ist für längstens 3 Monate möglich.

Beispiel

Nach dem neuen Verfahren müsste der Arbeitgeber von Heike Pahl das Entgelt vom 1.1. bis 31.07.2007 an den Rentenversicherungsträger melden. Dieser bildet aus den Entgelten vom 1.8.2006 bis 31.7.2007 den Durchschnitt und legt diesen für die Zeit vom 1.8.2007 bis 31.10.2007 zugrunde.

Der Kampf mit den Gutachtern

Bei einem Antrag auf eine Rente wegen verminderter Erwerbsfähigkeit prüft der Rentenversicherungsträger, ob eine Erwerbsminderung vorliegt. Damit er dies tun kann, müssen Sie auf einem Zusatzfragebogen u.a. folgende Angaben machen:

- Angaben zu körperlichen und psychischen Beschwerden sowie die Anschriften Ihres Hausarztes und weiterer Ärzte, bei denen Sie in Behandlung sind,
- Angaben zu Untersuchungen, stationären Krankenhausbehandlungen und Kuren in den letzten drei Kalenderjahren.

Hier sollten Sie möglichst genau beschreiben, aus welchen Gründen Sie sich für erwerbsgemindert halten. Alle Beschwerden die Sie angeben, sollten bereits diagnostisch abgeklärt sein. Dichten Sie keine Beschwerden dazu, lassen Sie aber auch keine weg.

Soweit vorhanden, fügen Sie dem Rentenantrag auch Unterlagen bei, die Ihre Angaben belegen. Es ist nicht erforderlich, dass Sie sich von Ihrem Hausarzt extra für den Rentenantrag ein Attest erstellen lassen. Hierbei entstehen für Sie Kosten, die u.U. nicht vom Rentenversicherungsträger erstattet werden. Denn dieser bezahlt meistens nur das, was er angefordert hat. In der Regel wird er ohnehin einen Befundbericht bei Ihrem Hausarzt anfordern.

Der richtige Gutachter

In den meisten Fällen wird der Rentenversicherungsträger einen oder mehrere Gutachter beauftragen. Prüfen Sie, ob der Gutachter auch auf ein Fachgebiet spezialisiert ist, das Ihren Hauptbeschwerden entspricht. So verhindern Sie, dass Sie z.B. mit Depressionen zum Orthopäden geschickt werden. Haben Sie Zweifel an der Wahl des Gutachters, sollten Sie sich noch vor der Untersuchung mit Ihrem Rentenversicherungsträger in Verbindung setzen.

Der Gutachter bekommt vom Rentenversicherungsträger keine Prämie dafür, dass er möglichst viele Renten „ablehnt". Er ist aber auch nicht dazu da, Ihnen zur Rente zu „verhelfen".

> Der Gutachter ist für Sie weder Freund noch Feind. Er soll als Sachverständiger Ihr Leistungsvermögen objektiv beurteilen.

Was Sie tun können

Um das Gutachten zu erstellen, muss sich der Gutachter ein möglichst genaues Bild von Ihrem Gesundheitszustand machen. Hierzu bleibt ihm – neben den vom Rentenversicherungsträger übersandten Unterlagen – nur der persönliche

Eindruck aus den paar Stunden Ihres Besuchs. Also nutzen Sie die Zeit.

- Stellen Sie vor dem Besuch beim Gutachter Ihre Krankengeschichte schriftlich zusammen. Ansonsten können wichtige Details bei der Befragung durch den Gutachter verloren gehen oder vergessen werden. Wichtig sind hierbei auch Vorerkrankungen.
- Bereiten Sie sich auch auf Fragen zu Krankheitsverläufen in Ihrer Familie vor. Notieren Sie sich also auch Erkrankungen und ggf. Todesursachen Ihrer Eltern, Großeltern und Geschwister.
- Sie müssen den Gutachter nicht von Ihrer Krankheit überzeugen. Jammern Sie beim Gutachter nicht, wie schlimm Ihre Beschwerden sind und was Sie alles nicht mehr tun können. Der Gutachter wird das durch Fragen schon herausbekommen.
- Der Gutachter erstellt keine Diagnosen, sondern prüft, ob die Diagnosen anderer Ärzte richtig sind. Legen Sie dem Gutachter also Atteste, Befunde, Krankenhausberichte usw. vor.

Wenn Sie den Termin beim Gutachter nicht wahrnehmen können, bitten Sie um eine Verschiebung. Verpassen Sie den Termin auf keinen Fall unentschuldigt. Andernfalls kann der Gutachter den Auftrag an den Rentenversicherungsträger zurückgeben. Und dieser kann dann den Rentenantrag ablehnen.

Rentenbescheid – Grundlage der Rentenzahlung

Endlich haben Sie es geschafft. In Ihrem Briefkasten liegt der Rentenbescheid. Herzlichen Glückwunsch! Mit diesem umfangreichen Werk trifft der Rentenversicherungsträger für Sie folgende Feststellungen:

- der Rentenanspruch besteht
- die Rente wird ab einem bestimmten Zeitpunkt gezahlt
- die Höhe der Rente wird festgesetzt

Darüber hinaus enthält der Rentenbescheid eine Reihe von Hinweisen und Pflichten, die Sie als Rentner beachten sollten. Sie erhalten mit dem Rentenbescheid auch einen „Ausweis für Rentnerinnen und Rentner". Mit diesem Ausweis können Sie Preisermäßigungen beim Besuch kultureller oder sportlicher Veranstaltungen, von Museen oder ähnlichem erhalten. Es gibt auch Sondertarife bei einigen öffentlichen Verkehrsmitteln.

Den Rentenbescheid inhaltlich zu überprüfen dürfte für Sie relativ schwierig sein. Eigentlich können Sie sich nur auf die Prüfung beschränken, ob der Versicherungsverlauf (Anlage 2 des Bescheides) vollständig und richtig ist und ob die Rente zum richtigen Zeitpunkt beginnt. Bei der Frage, ob die Rente in richtiger Höhe berechnet ist, können Sie zum Teil nur darauf vertrauen, dass die Berechnungsprogramme der Rentenversicherungsträger keine Fehler haben. Wenn Sie Zweifel an der Richtigkeit des Rentenbescheides haben, können Sie gegen diesen Widerspruch einlegen.

So gehen Sie bei Zweifeln am Rentenbescheid vor

- Beachten Sie die Widerspruchsfrist. Der Widerspruch muss bei Ihrem Rentenversicherungsträger innerhalb eines Monats nach Bekanntgabe des Rentenbescheides schriftlich oder zur Niederschrift eingereicht werden.
- Legen Sie zur Wahrung der Frist Widerspruch ein. Schreiben Sie Ihrem Rentenversicherungsträger „Hiermit lege ich Widerspruch gegen den Bescheid vom ... ein. Die Begründung reiche ich umgehend nach."
- Vereinbaren Sie einen Termin in einer Auskunfts- und Beratungsstelle der Deutschen Rentenversicherung. Lassen sich die Zweifel in einem Beratungsgespräch ausräumen, nehmen Sie den Widerspruch zurück. Ansonsten formulieren Sie die Begründung Ihres Widerspruchs.
- In schwierigen Fällen sollten Sie einen Rentenberater aufsuchen. Dieser überprüft den Bescheid gründlich und führt das Widerspruchsverfahren für Sie durch. Hierbei entstehen für Sie Kosten die Sie nur im Falle eines erfolgreichen Widerspruchs erstattet bekommen.

Über den Widerspruch entscheidet die Widerspruchsstelle des Rentenversicherungsträgers. Sie kann dem Widerspruch abhelfen oder ihn zurückweisen. Weist sie ihn zurück, ist eine Klage beim Sozialgericht möglich.

Die erste Rentenzahlung

Die Renten werden immer am letzten Bankarbeitstag eines Monats für den abgelaufenen Monat ausgezahlt.

> Haben Sie Ihr Gehalt immer zum Monatsanfang oder in der Mitte des Monats erhalten, sollten Sie sich darauf einrichten, dass Sie mit Ihrem letzten Gehalt einige Tage mehr überbrücken müssen, bis die erste Rentenzahlung einsetzt

Kein Rentenbescheid ist endgültig

Finden Sie nach der Rentenbewilligung noch Unterlagen, die bei der Rentenberechnung bisher nicht berücksichtigt wurden, reichen Sie diese Ihrem Rentenversicherungsträger nach. Dieser prüft die Unterlagen und erteilt ggf. einen neuen Rentenbescheid. Kommt es dadurch zu einer Nachzahlung, wird sie aber nur rückwirkend für vier Kalenderjahre erbracht.

Beispiel

Erika Kühne bezieht seit dem 1.5.2003 eine Altersrente. Beim Aufräumen ihres Dachbodens findet Sie noch einen Gehaltsnachweis aus dem Jahre 1968. Sie stellt fest, dass das Jahr 1968 bisher in ihrer Rentenberechnung fehlt und reicht den Nachweis am 15.04.2008 ein. Bei der Neufeststellung werden Nachzahlungsbeträge nur für die Zeit ab dem 1.1.2004 ausgezahlt.

Glossar – Wichtige Rentenbegriffe

In diesem Glossar möchte ich Ihnen einige Begriffe erklären, die in diesem TaschenGuide öfter vorkommen, aber aus Gründen der Übersichtlichkeit noch nicht näher erläutert wurden.

Anrechnungszeiten

Anrechnungszeiten sind Zeiten, für die unter bestimmten Voraussetzungen eine Gutschrift in der Rentenversicherung erfolgt, ohne dass hierfür Beiträge gezahlt werden. Zu den Anrechnungszeiten zählen u.a. folgende Zeiten:

- Krankheit (Arbeitsunfähigkeit), Leistungen zur medizinischen Rehabilitation und Leistungen zur Teilhabe am Arbeitsleben
- Schwangerschaft, Schutzfristen bei Mutterschaft
- Arbeitslosigkeit und Ausbildungsplatzsuche
- ab dem 17. Geburtstag: Besuch einer Schule, Fachschule oder Hochschule sowie berufsvorbereitende Bildungsmaßnahmen bis zu acht Jahren.

Anrechnungszeiten wirken sich direkt oder indirekt bei der Berechnung der Rentenhöhe aus. Ansonsten zählen sie nur für die Altersrente an langjährig Versicherte bzw. an schwerbehinderte Menschen, bei der eine 35-jährige Wartezeit gefordert wird.

Beitragsbemessungsgrenze

Die Beitragsbemessungsgrenze ist der Höchstbetrag, bis zu dem Arbeitsverdienste in der gesetzlichen Rentenversicherung versichert werden. Für einen die Beitragsbemessungsgrenze übersteigenden Teil des Arbeitsverdienstes sind dann keine Beiträge mehr zu zahlen. Die Beitragsbemessungsgrenze beträgt im Jahre 2007 in den alten Bundesländern 63.000 EUR und in den neuen Bundesländern 54.600 EUR.

Beitragsfreie Zeiten

Zu den beitragsfreien Zeiten gehören Anrechnungszeiten, Ersatzzeiten und die Zurechnungszeit. Für diese Zeiten erfolgte keine Beitragszahlung. Dennoch zählen sie für den Rentenanspruch und grundsätzlich auch bei der Berechnung der Rente mit.

Beitragsgeminderte Zeiten

Beitragsgeminderte Zeiten sind Kalendermonate, die sowohl mit Beitragszeiten als auch mit beitragsfreien Zeiten belegt sind. Als beitragsgeminderte Zeiten zählen auch Beitragszeiten aufgrund einer beruflichen Ausbildung.

Beitragszeiten

Beitragszeiten sind Zeiten, für die Beiträge zur gesetzlichen Rentenversicherung gezahlt werden oder als gezahlt gelten. Hierzu zählen sowohl Zeiten mit Pflichtbeiträgen aufgrund einer versicherungspflichtigen Beschäftigung als Arbeitnehmer oder einer selbstständigen Tätigkeit aber auch Zeiten mit freiwilligen Beiträgen. Zu den Pflichtbeitragszeiten gehören auch

- Kindererziehungszeiten,
- Wehr- und Zivildienstzeiten,
- Zeiten mit Sozialleistungsbezug (z.B. Kranken- oder Arbeitslosengeld) seit 1992 sowie
- Zeiten der ehrenamtlichen Pflege seit April 1995.

Berücksichtigungszeiten

Berücksichtigungszeiten gibt es für Zeiten der Kindererziehung oder für vom 1.1.1992 bis 31.3.1995 geleistete ehrenamtliche Pflege. Berücksichtigungszeiten sind rentenrechtlich bedeutsam. Sie begründen allein zwar weder einen Rentenanspruch, noch erhöhen sie direkt die Rente. Im Zusammenspiel mit sonstigen Regelungen machen sie sich aber positiv bemerkbar.

Bezugsgröße

Die Bezugsgröße ist ein zentraler Wert der gesamten Sozialversicherung. Hieraus werden andere Werte, die in den einzelnen Sozialversicherungszweigen bedeutsam sind, abgeleitet. Sie hat Bedeutung für die Bestimmung von unterschiedlichen Mindestbemessungsgrundlagen für verschiedene pflichtversicherte Personengruppen. Die Bezugsgröße beträgt im Jahre 2007 in den alten Bundesländern 29.400 EUR und in den neuen Bundesländern 25.200 EUR.

Durchschnittsentgelt

Das Durchschnittsentgelt ist ein Wert, der die Rentenberechnung und damit die Rentenhöhe beeinflusst. Bei der Rentenberechnung werden für jedes einzelne Kalenderjahr Verhältniswerte (=Entgeltpunkte) bestimmt, indem das vom Versicherten erzielte individuelle Bruttoarbeitsentgelt durch das jeweilige Durchschnittsentgelt aller Versicherten geteilt wird. Das Durchschnittsentgelt wird auf der Grundlage statistischer Daten durch Rechtsverordnung festgelegt. Für das Kalenderjahr des Rentenbeginns und das davor liegende Kalenderjahr gilt ein vorläufiges Durchschnittsentgelt, da für diese Jahre die endgültigen Werte noch nicht bekannt sind.

Freiwillige Beiträge

Personen, die nicht pflichtversichert sind, haben das Recht, freiwillige Beiträge zur Rentenversicherung zu zahlen. Wer von der Versicherung befreit ist, also insbesondere Beamte und Mitglieder berufsständischer Versorgungswerke, kann sich nur freiwillig versichern, wenn er bereits die allgemeine Wartezeit zurückgelegt hat. Die Höhe der Beiträge bleibt dem Versicherten überlassen, wobei es eine Ober- und eine Untergrenze gibt. Die Höhe der freiwilligen Beiträge ist im gesamten Bundesgebiet gleich.

Gesamtleistungsbewertung

Über die Gesamtleistung wird der Wert ermittelt, mit dem beitragsfreie und beitragsgeminderte Zeiten berücksichtigt werden. Bewertet wird aufgrund der individuell erbrachten Beitragsleistung. Der Gesamtleistungswert für jeden Monat an beitragsfreier Zeit ist ein Durchschnittswert aus Entgeltpunkten für Beitragszeiten und für Berücksichtigungszeiten.

Kindererziehung

Zeiten der Erziehung eines Kindes bei Geburten vor 1992 werden im Umfang von einem Jahr als Kindererziehungszeit anerkannt. Bei Geburten nach 1991 sind es drei Jahre. Kindererziehungszeiten sind Beitragszeiten. Für ein Jahr Kindererziehungszeit wird man so gestellt, als wäre ein Verdienst in Höhe des Durchschnittsentgelts erzielt worden. Zeiten der Erziehung eines Kindes nach der Kindererziehungszeit bis zur Vollendung des 10. Lebensjahres sind Berücksichtigungszeiten. Bei zeitgleicher Erziehung mehrerer Kinder unter 10 Jahren endet die Berücksichtigungszeit 10 Jahre nach der Geburt des jüngsten Kindes.

Nachgelagerte Besteuerung

Seit dem 1.1.2005 gilt bei Renten die nachgelagerte Besteuerung. Das heißt, die Rentenversicherungsbeiträge werden stufenweise bis zum Jahr 2025 vollständig steuerfrei gestellt. Im Gegenzug wird ein stetig wachsender Anteil der Rente zu versteuern sein. Ab 2040 ist die Rente voll zu versteuern.

Rentensplitting

Ehe- und Lebenspartner können gemeinsam bestimmen, dass die von ihnen in der Ehe/Lebenspartnerschaft erworbenen Ansprüche auf eine anpassungsfähige Rente zwischen ihnen zu gleichen Teilen aufgeteilt werden. Hierdurch wird zugunsten der eigenen Rentenanwartschaften auf einen Hinterbliebenenrentenanspruch verzichtet.

Versorgungsausgleich

Bei einer Ehescheidung/Auflösung einer Lebenspartnerschaft werden die Versorgungsanwartschaften, die beide Ehepartner während der Ehezeit erworben haben gegenüber gestellt. Der Ehepartner, der während der Ehezeit mehr Anwartschaften erworben hat muss demjenigen, der weniger Anwartschaften erworben hat, den Unterschied ausgleichen. Anders als beim Rentensplitting ist der Ausgleich nicht nur auf Anwartschaften aus der gesetzlichen Rentenversicherung beschränkt.

Vorgelagerte Besteuerung

Bis zum 31.12.2004 galt bei den Renten die vorgelagerte Besteuerung. Das heißt, die Rentenversicherungsbeiträge wurden aus zu versteuerndem Einkommen gezahlt. Dafür war die Rente mit Ausnahme eines fiktiven Ertrags der eingezahlten Rentenversicherungsbeiträge steuerfrei.

Zurechnungszeit

Tritt bei einem Versicherten vor Vollendung des 60. Lebensjahres eine Erwerbsminderung ein oder verstirbt er, werden bei der Ermittlung der anrechnungsfähigen Versicherungsjahre die zwischen dem Eintritt des Versicherungsfalles und der Vollendung des 60. Lebensjahres fehlenden Jahre hinzugerechnet. Durch diese Zurechnungszeit wird gewährleistet, dass sich eine ausreichend hohe Rente ergibt. Sie schafft durch Aufstockung der tatsächlich zurückgelegten Jahre einen Ausgleich.

Stichwortverzeichnis

Bibliografische Information der Deutschen Bibliothek
Die Deutsche Bibliothek verzeichnet diese Publikation in der Deutschen Nationalbibliografie; detaillierte bibliografische Daten sind im Internet über http://dnb.ddb.de abrufbar.

ISBN 978-3-448-08624-9
Bestell-Nr. 00963-0001

Postanschrift: Postfach, 82142 Planegg
Hausanschrift: Fraunhoferstraße 5, 82152 Planegg
Fon (0 89) 8 95 17-0, Fax (0 89) 8 95 17-2 50
E-Mail: online@haufe.de
Internet: www.haufe.de
Redaktion: Jürgen Fischer

Gesamtbetreuung: Sylvia Rein, 81379 München
Lektorat: Nicole Jähnichen, 80333 München
Umschlaggestaltung: Simone Kienle, 70182 Stuttgart
Umschlagentwurf: Agentur Buttgereit & Heidenreich, 45721 Haltern am See
Druck: freiburger graphische betriebe, 79108 Freiburg

Der Autor

Andreas Koehler

ist Referent in der Grundsatzabteilung der Deutschen Rentenversicherung Bund. Der Diplom-Verwaltungswirt (FH) betreut dort Verfahren und Arbeitsabläufe im Bereich Rente.

Weitere Literatur

„Meine Rente. Planen Sie Ihre Zukunft", CD-ROM, € 58,-, ISBN 978-3-448-08670-6, Bestell-Nr. 09025

„Rententabelle 2007. Zum richtigen Zeitpunkt vom Arbeitsverhältnis in den Ruhestand", 208 Seiten, € 29,80
ISBN 978-3-448-08040-7, Bestell-Nr. 03844-0011

„Sichere Altersvorsorge. Was Sie jetzt dafür tun können", von Prof. Dr. Thomas Dommermuth, Michael Hauer und Frank Nobis, € 6,90, ISBN 978-3-448-07906-7
Bestell-Nr. 00928-0001

TaschenGuides – Qualität entscheidet

Bereits erschienen:

■ Der Betrieb in Zahlen

- 400 € Mini-Jobs
- Balanced Scorecard
- Betriebswirtschaftliche Formelsammlung
- Bilanzen lesen
- Buchführung
- Businessplan
- BWL Grundwissen
- BWL – die 100 wichtigsten Fakten
- Controllinginstrumente
- Deckungsbeitragsrechnung
- Einnahmen-Überschussrechnung
- Finanz- und Liquiditätsplanung
- Die GmbH
- IFRS
- Kaufmännisches Rechnen
- Kennzahlen
- Kleines Lexikon Rechnungswesen
- Kontieren und buchen
- Kostenrechnung
- Kleine mathematische Formelsammlung

■ Mitarbeiter führen

- Besprechungen
- Führungstechniken
- Die häufigsten Managementfehler
- Management
- Managementbegriffe
- Mitarbeitergespräche
- Moderation
- Motivation
- Projektmanagement
- Spiele für Workshops und Seminare
- Teams führen

■ Karriere

- Assessment Center
- Existenzgründung
- Ich-AG – mit Gründerzuschuss selbstständig
- Jobsuche und Bewerbung
- Vorstellungsgespräche

■ Geld und Specials

- Sichere Altersvorsorge
- IGeL – Medizinische Zusatzleistungen
- Immobilien erwerben
- Immobilienfinanzierung
- Die neue Rechtschreibung
- Eher in Rente
- Web 2.0
- Zitate für Beruf und Karriere
- Zitate für besondere Anlässe

■ Persönliche Fähigkeiten

- Allgemeinwissen Schnelltest
- Ihre Ausstrahlung
- Business-Knigge – die 100 wichtigsten Benimmregeln
- Mit Druck richtig umgehen
- Emotionale Intelligenz
- Entscheidungen treffen
- Fitness für Beruf und Karriere
- Gedächtnistraining
- Glück!
- IQ-Tests
- Knigge für Beruf und Karriere
- Knigge fürs Ausland
- Kreativitätstechniken
- Manipulationstechniken
- Mind Mapping
- Nein sagen
- NLP
- Schneller lesen
- Selbstmanagement
- Sich durchsetzen
- Soft Skills
- Stress ade
- Verhandeln
- Yoga für Beruf und privat
- Zeitmanagement